光是最美的滤镜

倪则徐 著

中国海洋大学出版社
CHINA OCEAN UNIVERSITY PRESS

·青岛·

图书在版编目（CIP）数据

光是最美的滤镜 / 倪则徐著. -- 青岛 ： 中国海洋
大学出版社，2025. 5. -- ISBN 978-7-5670-4147-9

Ⅰ．K828.4

中国国家版本馆 CIP 数据核字第 2025D7V567 号

GUANG SHI ZUI MEI DE LÜJING

光 是 最 美 的 滤 镜

出版发行	中国海洋大学出版社	
社　　址	青岛市香港东路 23 号	
邮政编码	266071	
出 版 人	刘文菁	
网　　址	http://pub.ouc.edu.cn	
电子信箱	1922305382@qq.com	
订购电话	0532-82032573　（传真）	
责任编辑	曾科文　周佳蕊　　　　**电　　话**　0898-31563611	
印　　制	柳州太奇高新印业有限公司	
版　　次	2025 年 5 月第 1 版	
印　　次	2025 年 5 月第 1 次印刷	
成品尺寸	140 mm × 210 mm	
印　　张	4.5	
字　　数	86 千	
印　　数	1—2500	
定　　价	45.00 元	

如发现印装质量问题，请致电 0772-2820848 调换。

推荐语

能挂云帆济沧海者，必是心有宏愿！作为老师，很荣幸能够见证年轻人蓬勃的生命力与成长。

——张波涛［杭州电子科技大学自动化学院（人工智能学院）副教授］

作为他们的故事的见证者，我在读完他们的故事后，思绪仿佛又回到了那闪耀的 4 年。他们 7 人是优秀的代表，而另外 188 人的故事也同样精彩纷呈。我们常常因为不知道给我们喜欢的故事画上一个怎样完美的句号，而忘记画上句号。也许这本书记录的，正是我们 4 年青春最好的注脚。

——吕伟昕（杭州电子科技大学圣光机联合学院辅导员）

祝贺弟弟，时隔 4 年，又出新书，愿你的计算机和写作探索之路，虽道阻且长，行则将至。

——曹徐韬（美国卡内基梅隆大学计算机科学在读博士）

此书深度挖掘人物思想智慧与人格魅力，让读者在精彩故事中认识、激励、提升自我，审视过往，直面当下，迎接未来，值得期待与关注。

——陈锋（浙江万安科技股份有限公司董事长）

艺术上，此书既有小说的笔法，也有散文的抒情，更有报告文学的纪实性和时代性。作者以诗的语言，多角度地讲述了一群大学生用青春践行社会主义核心价值观的故事。他们的行动具有先进典型的示范性，其所昭示的精神力量，是后来者凝聚力量奋进前行的强大动力。

——王迅（浙江大学博士、著名评论家）

指导老师：

程振伟（杭州电子科技大学宣传部副部长、全国网络思政教育名师）

黄吉韬（中国作家协会、中国诗歌学会、中国散文诗学会会员）

序一

2024年12月3日，浙江省委书记王浩主持省委常委会，审议并通过了杭州电子科技大学高水平大学建设的"一校一策"方案。圣光机联合学院（简称"圣光机学院"）作为杭州电子科技大学（简称"杭电"）与俄罗斯圣彼得堡国立研究型信息技术、机械与光学大学（简称"俄罗斯圣光机大学"）合作创办的非独立法人中外合作办学机构，自2018年9月成立以来，便肩负起高等教育国际化的使命。作为浙江省首批引进的国外优质教育资源项目之一，圣光机学院专注于培养"新工科＋国际化"的信息科技人才。学院以"1＋1＞2"的合作模式，持续为社会输送高素质人才。

圣光机学院尽管办学时间不长，但在人才培养方面展现出独特魅力，赢得了社会各界的广泛赞誉。学院毕业生就业形势喜人，2022、2023届硕士毕业生均实现100%就业，其中2/3就职于阿里巴巴、字节跳动、华为、海康威视等知名企业。2023届本科毕业生初次就业率达到96%，国内外升学率接近 62%；2024 届本科毕业生更是表现优异，初次就业率超过 97%，国内外升学率超过 80%。毕业生被美国哥伦比亚大学、康奈尔大学、伊利诺伊大学厄巴纳－香槟分校（UIUC）等海外百强高校录取，签约华为、腾讯、阿里巴巴、字节跳动、同花顺、中国石油等行业领军企业，还有多人成功考取选调生、国家公务员等职位。毕业生的高质量就业充分展示了圣光机学院的教育质量和国际化办学的显著成果。

圣光机学院秉承"笃学力行、守正创新"的杭电精神，激励学生将个人理想融入时代发展，将个人价值与国家复兴紧密相连。学院鼓励学生拓宽全球视野，培养国际情怀，通过兴趣驱动的自主学习、持续学习和跨学科融合学习，提升独立思考能力，拓展思维领域。同时，学院注重社会实践，让学生在实践中锻炼历史思维、辩证思维和创新思维，增强社会责任担当和科学研究创新能力。此书记录了学院 2024 届 7 位学生大学 4 年的历程，他们既是学院风采的展现，也是学生精彩生活的缩影。希望这些故事，能激励更多学子始终追寻光、成为光，让每片叶子都闪闪发光。

作为中俄教育、科技合作的典范，圣光机学院积极发挥桥梁纽带作用，促进中外文明交流互鉴。在中俄建交 75 周年之际，学院将此书作为献礼，同时献给 2024—2025 "中俄文化年"，旨在传播杭电声音、教育声音、中国声音，为推动构建人类命运共同体贡献力量。

郑宁（教授，博导，杭州电子科技大学原副校长，圣光机联合学院首任院长）

序二

当今世界，人工智能正成为科技革命和产业变革的重要驱动力量，正引领着智能机器达到人类思考和行动的高度，不仅深刻地影响着社会结构、经济模式和生活方式，更在推动着人类文明的进程。

人工智能作为先进生产力为人类带来福祉的同时，也带来了技术垄断、偏见不公、价值错谬等问题。然而，这些问题在某种意义上都是表面层次的问题，人何以为人，在 AGI（通用人工智能）时代才是日益严峻的问题。一个人如何在 AGI 时代不断提高智力水平和思维能力、审美能力、情感能力，是我们教育需要思考的问题。机器的创新本质上是同质化的创新，表面繁华难以掩盖原始创新的贫弱，再智能的机器也是工具。而人的价值是思考。保持人类思维难能可贵的个性与独特，需要强大的自觉、自省、自控和自学能力。现在，全球各地都在推博雅教育、本源性教育、通识教育，探究的可能就是人之为人的本质性能力。

在人工智能时代，人的情感、人与人之间的连接和共情，依然是人工智能不可取代之处。所以，科技工作者必须理解人类文化，有哲学、伦理、艺术素养，否则不仅缺乏创造力，更缺乏人文光芒。

子曰："君子不器。"我们圣光机学院鼓励每个学生去追逐多彩梦想，在不断丰富的生命体验中激发对自己、对世界的"问题意识"，努力成为一道光，为这个世界带来希望和美好。无论同学们选择国内考研、就业，还是海外申研，学校都有一整套成熟的成才孵化激励制度，竭尽所能为学生提供导师、实验室、经费等支持，提供全方位的升学指导和就业服务，用心、用情、用力引导和帮助学生及早规划，鼓励学生持之以恒，一步一个脚印地攀登人生的高峰。

习近平总书记指出，"文艺是时代前进的号角，最能代表一个时代的风貌，最能引领一个时代的风气"。只有从时代声音中激发艺术的回响，用工笔画把时代巨变描绘出来，用大写意把时代主题渲染出来，用长镜头把新时代人物的精神气象全方位全景式展现出来，才能文以载道，歌以咏言，才能激发青年学生向内扎根、向上攀登、向外生长的热情，与时代同行、与祖国共进，书写无愧时代、无愧青春、无愧人民的精彩人生。我想这就是我们学院融媒体中心采访、创作优秀毕业生故事并结集出版的初衷。

我相信圣光机学子将始终秉持"笃学力行、守正创新"的杭电精神与"厚德存圣、敏学含光"的学院精神，胸怀"我将无我，不负人民"之初心，不忘"请党放心，强国有我"之誓言，将个人理想融入时代发展脉搏，将个人价值写进民族复兴征程，始终追寻光、成为光，将小小萤火汇聚成无愧时代、无愧国家的日月光辉。

胡海滨（杭州电子科技大学圣光机联合学院党委书记）

目录

踏遍青山人未老
风景这边独好

余佳珂
YU JIAKE

光总能找到最短的路径

——余佳珂

人物名片

余佳珂，男，浙江宁波人，杭电圣光机学院 2020 级自动化专业毕业生。

曾获校"挑战杯"一等奖，校创意机器人比赛二等奖，圣光机学院第一届"Robotics Challenge of HDU-ITMO"比赛一等奖，校十佳"科创之星"。曾获第八届浙江省国际"互联网＋"大学生创新创业大赛金奖，第八届中国国际"互联网＋"大学生创新创业大赛银奖。主持国家级大创项目 1 项，参与国家级大创项目 1 项，参与浙江省新苗人才计划项目 1 项。公开发明专利 3 项，参与软件著作 1 项。4 次获得校二等奖学金，2 次获得校三等奖学金。

考研成功"上岸"，被杭电自动化学院录取。

17世纪法国数学家费马说过，"光总能找到最短的路径"。我在杭电圣光机4年，一直在实验室里找最短路径，"机器人到达火灾现场的小区路径如何最短""护林机器人怎样才能以最短的路径为每棵树刷石灰""药物配送机器人如何以最短路径在药架和患者间移动"……而回首我的本科学习生涯，其实我也算找到了自己实现人生价值的最短路径。

进杭电圣光机之前，我就是一个很普通的学生。从小到大，家长和老师总在耳边说，好好学习，天天向上，考上一所好大学。除了数学，对其他学科我也算不上真爱，学习上也算不上发愤图强，我就这样被社会、学校、家长推着送着，做了一道道能堆成一座座小山的题后，进了大学。所以，我不属于让人艳羡的"别人家的孩子"。考上杭电以后，接下来要干什么，我也非常迷茫。

2020年我们大一新生开学不久，我听说自动化学院有个智能汽车队在招新。我跃跃欲试，想去报名，但又听说报名的人非常多，里面非常"卷"，实行末位淘汰制，而且这个招新就是为备战国赛选拔人才作为梯队培养的。我对智能车非常感兴趣，想去报名又感觉压力重重，首先，我一点基础也没有，能不能进是个问题；其次，进去了会不会被淘汰是个问题；最后，即使暂时没有被淘汰，在比赛队里万一做不出成绩来是个问题。

一个周末的清晨，我被窗外的桂花香唤醒了。未见其花，先闻其香，十月的校园到处弥漫着桂花的香甜。我来到一棵桂花树前，看到一片苍翠的绿色中一簇簇淡黄色的小花在阳光下摇曳，似碧玉上洒上了点点碎金。桂花花瓣虽小，但每一朵都尽情地绽放着属于自己的灿烂与芬芳。校园里桂花树品种很多，除了淡黄色，金黄色的桂花，橙红色的桂花也很多，都一丛丛、一簇簇自在恣意地开着。风过处，桂花"金粟霏霏下如雨"，"满城尽带黄金甲"。

就在我沉浸在桂花香里时，我在群里看到了一个让我振奋的好消息，我们圣光机学院也成立了两个本科生实践基地。招新不设任何门槛，只要有兴趣，没有任何基础也可以报名，更让人心动的是，智能机器人与自主系统实训基地的负责人是杭电自动化学院的张波涛老师。那个时候，我虽然没见过张波涛老师，但张老师的大名已如雷贯耳，让张老师出名的不仅是他的学术能力和带学生做项目的丰富经验，更是他对学生的护犊情深。

我高兴得跳了起来，顺手对着一株高大的桂花树摸了一把高，"扑簌扑簌"抖落一地桂花。我对自己说，一定要抓住并珍惜这个机会。记得那天我回去时，头发上、衣服上、鞋子上都沾满了桂花花瓣，沁人心脾的香气经久不散。不知为什么，后来我每次想到张波涛老师时，就会想起那个桂花飘香的清晨，也许是我和张老师的缘分始于那个清晨，也许是张老师有着和桂花一样的气质和品性：朴素无华、清新淡雅、馨香馥郁。

在参加张波涛老师主持的面试前，报名群里从一开始的50多个人到只剩下10多个人，他们不是被淘汰了，而是主动放弃了。

面试前，张老师只要求我们解1道题，即分别识别苹果、葡萄和葡萄藤，我们有长达4个月的时间用来解题。虽然时间够充裕，但时间越长越考验一个人的时间管理能力、自主学习能力、抗压能力和耐心、毅力。题目难度是层层递进的，要学的知识自然也是越来越多、越来越难。令我意外的是，大多数人都没有耐心做到最后一步。题目并不复杂，识别简单背景下的图形只要根据机器视觉原理，进行图像采集，将苹果等图像进行平滑、锐化等预处理后，在RGB颜色空间内计算苹果等颜色样本值，并根据样本值进行图像分割，最后利用分割的结果进行特征提取，建立数学模型。我从0开始，自学了C++、STM32、Linux等课程后，完成了题目要求。我进一步思考，真实的应用场景哪有那么简单，果园背景是复杂和非结构化的，在"叶遮挡""枝遮挡""果实遮挡"和"混合遮挡"等复杂情形下又如何识别呢？所以，我又进一步思考解决方案：使用先进的图像处理技术如边缘检测、颜色分割，结合机器学习方法如卷积神经网络（CNN），以及物体检测算法如YOLO或SSD来提高识别的准确度。

张老师对我提交的作业比较满意，面试时，问我喜欢哪门学科。我说数学，从小到大，我最喜欢数学。倒不是觉得自己有天赋，我觉得没有天赋也能学好数学。就像打篮球，我们可以接受别人跑得更快、跳得更高、投得更准，但我们依然可以通过训练来提高体能和球技。因为喜欢，我比别人更关注数学，花更多时间在数学上而已。数学由推理和逻辑所主宰，解数学题对许多同学来说也许是件苦差事，于我而言却如同一场游戏，一种乐在其中的精神挑战。张老师点点头说，数学是用自己的能力去揭秘、理解周围世界的语言，我们在实验室做项目其实就是用数学建模、算法来造一个个宫殿。而数学建模、算法无处不在：电力、交通工具、电话、电脑、网络、医院扫描仪、核磁共振仪、云音乐、电影、电视……所以，自己动手做项目不仅仅有助于训练大脑的逻辑推理等思维能力，还能帮助我们更好地了解周围的世界，推动经济发展和社会进步。

张老师还夸奖我对识别题的提问提得好，说实验室做项目本来就是为了发现问题、展开研究、解决实际问题，不是为了做题考试。他说，"填鸭式""应试式"教育扼杀了不少学生对科创的兴趣，成立这个实验室的初衷就是让大家开展兴趣式探索，激发每个学生潜在的想象力和创造力，让每个学生不仅发现美，还要发现问题、提出问题，让教育返璞归真。

张老师考虑到直接做软件比较抽象、枯燥，让人生畏，让人生厌，建议我们从硬件入手，更能激发学习和科创兴趣。张老师不仅和蔼可亲、善解人意，而且说到做到。

当时，我们圣光机学院的实践基地刚成立，什么也没有，张老师放手让我们添置各种加工工具、测试仪器等，做机器人所需材料也让我们尽管买，尽管试错。

在张老师和研究生学长的引导下，我从 ROS 开始，又学习了硬件相关的知识，比如，焊接、SolidWorks 建模、3D 打印、PCB 绘制。边学边做、边做边学，越做越有兴趣，仿佛置身于一个绚丽多彩的万花筒中，再也舍不得离开，越学越有劲；仿佛一辆汽车的发动机被点燃，开始轰鸣着进入加速度阶段。

这个时候，校"挑战杯"科技作品竞赛向我"发起挑战"了。只剩一个星期就要比赛，时间实在太紧，对于要不要报名，我有点犹豫。张老师鼓励我说，去！为什么不去！和同学们一起交流学习，多么好的机会，还可以去现场感受一下气氛。

我对机器人导航比较感兴趣，就决定做一个简单的导航机器人。即在地图上设定一个终点，让机器人自主导航和移动到终点。传感器噪声、动态环境、未知障碍物……一个个问题摆在我面前，就像爬了一个又一个山坡，山峰还是远在天边，高不可攀。但我从不气馁，因为我始终相信山越巍峨峻拔，越"艰哉何巍巍"，越是对自己的高难度挑战，越能享受"会当凌绝顶，一览众山小"的成功喜悦。整整一周我都在实验室里思考、计算、推理、构造，动手搭建，一次又一次试验。曾因为一个个小小的失误，机器人在地图上盲目地移动，我的心也如茫茫大海中一叶摇晃不已的扁舟，直到程序一个个修正，我的心也终于"稳泛沧浪空阔"。

拿到校"挑战杯"一等奖着实激励了我，让我找到了学习的兴趣、努力的方向，更让我找到了自信。

大一暑假，我回家没几天，有一次全家吃晚饭时，电视新闻正在报道一场火灾，失火现场是福建宁德的某处废品堆垛，熊熊烈焰烘烤的数个液化气罐，成了随时可能起爆的定时炸弹。一群消防队员冒着生命危险冲进火场，破拆、出水灭火、转移气罐……看着新闻，我们全家人的心都揪紧了。在向消防队员致敬的同时，我萌生了给小区配灭火无人机和在每个楼道内配轮式消防机器人的灵感。

"我要做个消防机器人！不仅可以解决消防救援滞后的问题，还可以保护消防人员的生命安全。"

父母都向我投来信任、赞许、欣慰，甚至有点崇拜的目光，我的耳边传来张波涛老师语重心长的一席话："发现问题，提出问题，试着解决问题。知识只有为社会服务，照亮这个世界，才有真正的意义。"一刹那，我觉得我长大了，开始成熟了，我感觉到了肩上的重任。

尽管我在暑假自学了不少相关知识，实验过程中的难点还是一个接一个：机器人到达火灾现场的小区路径如何规划，众多机器人如何站位才能高效灭火，室内环境下如何准确识别移动火焰……不懂就学，不懂就问。在张波涛等老师的指导下，我拿到了"用于楼宇火灾消防的特种机器人协同辅助救援控制方法"这个发明专利。

在真实火源判定过程中引入火焰质心位移和火焰粗糙度的特征，以实现解决室内环境下不能准确识别移动火焰的问题。采用多传感器的融合识别算法，大大降低识别误判率。这一发明在调度楼宇消防机器人时，根据楼宇消防机器人数目 K 调整火源凸包的边条目，以实现更为便捷、合理的机器人喷射站位。这一发明提出一种发现疑似火源——判断火源真实性和类别——调度楼宇消防机器人灭火的一套完备、安全、快捷的应急灭火方案。

大二寒假时，疫情还没有结束，我担任了社区防疫志愿者。做志愿者并不轻松，要穿着防护服在卡口值守，对进出人员查验"两码"、测温登记，对居家隔离人员进行日常管控，对外来人员展开信息摸排等。冬天穿防护服还能忍受，但我经常看到身边那些奋战在抗疫一线的医护人员、安保人员和社区工作者、志愿者等大夏天穿着防护服，据测，体感温度高达64摄氏度，发生"职业性中暑"的危险不容小觑。我下定了决心，要做一个巡逻机器人。

我查找了相关资料，发现传统的巡逻机器人存在无法准确判断复杂地形、避开危险路段、跟踪可疑人员等不足。我萌生了研发一款复杂地貌巡逻机器人的念头，能识别地貌、自主导航、人脸识别、检测高空抛物、盯防可疑人员等，这样就能把人从烦琐、辛苦、危险的安防工作中解放出来了。

果然不出我所料，这个创意得到了实验室张波涛老师及小伙伴黄向荣的大力支持。我和黄向荣的实验室友谊源于彼此间的差异性和互补性。黄向荣简直是硬件方面的天才，创新的点子层出不穷。我们经常在一起分享彼此的学习方法、学习经验、创意思路。只有在向别人解释的时候，你才能真正理解某个东西。分享不仅有助于自身的理解得到强化，有助于加深自己对问题的反思，还是各种灵感涌现的源泉。面对这么多可以挖掘的线索，我总会竖起耳朵，任大脑对其进行分类，然后抓住一个与我的想象力不谋而合且值得深挖细究的思路。

黄向荣的"一种基于人机交互药物识别获取方法、设备及存储介质"获发明专利，我从中获得灵感，针对传统药物配送机器人依赖预设路径的局限性，提出了一种创新性的药物配送机器人设计方案。我采用STM32单片机作为下位机进行运动控制，将 Nvidia Jetson Nano 嵌入式平台作为上位机进行地图构建和运动规划，以实现更高效、更智能的药物配送流程。

我们在实验室做巡逻机器人时，收到了国际"互联网＋"大学生创新创业大赛通知，先是省赛，再是国赛，我们抱着去学习的心态打算报名参赛。非常幸运的是，我们的"数机智巡——中国安防巡逻机器人的先锋者"荣获了2022年第八届浙江省国际"互联网＋"大学生创新创业大赛金奖、第八届中国国际"互联网＋"大学生创新创业大赛银奖。

当然，我们的获奖离不开实验室这个孵化器，离不开张波涛老师及其他师长们的支持与帮助，离不开院、校两级领导的大力支持。

获奖时，我感觉到了一种沉甸甸的幸福，就像老农望着金灿灿的稻田，毕竟丰收来之不易，凝结了无数汗水和心血。多少个早起的日子，"风露澹清晨，帘间独起人"；多少个夜归的日子，"星月皎洁，明河在天，四无人声，声在树间"。不要说 PPT 不知修改了多少次，一路"过五关斩六将"，竞争异常激烈，就是在总决赛答辩环节，如果不是对自己的项目创新有深邃的思考，面对一众评委的一个个专业性提问，恐怕早就乱了方寸、慌了手脚。但幸福不仅是在拿奖的时刻，更是在平时的点点滴滴。

实验室对我而言就像进了一个浑然天成的游乐场，一种种算法像一个个游戏一样充满了乐趣。编程的过程像下一盘国际象棋，努力预测自己每走一步可能产生的后果，提前应对对手可能作出的反应，每一步都走得那么自信、从容。每次敲击着键盘，双眼凝视着屏幕上的一串串数字、一个个符号、一个个代码，我就像在欣赏用特殊的语言诠释的一行行诗句，为之着迷；就像在弹奏一首用特殊的音符谱写的钢琴曲，为之陶醉。而且，看到自己提出的一个个问题、一个个设想、一个个创新，正在一个个实现，就像萤火一般，有一分热，发一分光，渐渐照亮这个世界，获得感、幸福感油然而生。

有一次我感冒发烧了，就没去实验室，一个人静静地躺在宿舍床上休息。有人敲门进来了，我一看到那件招牌式的黑色工装夹克，就知道是张老师来了。张老师走到床前，脸上是他招牌式的憨憨笑容。他说我这段时间太累了，需要好好休息，让我暂时放下实验室的项目，静养几天。寒暄了几句，他从手上拎的一袋水果中变魔术一样地掏出一套书，展示给我看，是《NBA75年篮球群星闪耀时》上下两册。我两眼发光，激动得差点从床上跳起来。张老师怎么知道我心心念念这套书，只是嫌贵，下不了决心买呢？张老师对学生那种真挚而强烈的关心，让我觉得生病都是一种幸福。

后来，我们又与老师一起引导下一届同学学习，做了一个"林间白移"履带机器人。"林间白移"听上去像武侠小说里的刺客，而这个履带机器人确实是"武林高手"，能翻山越岭，轻松爬坡，能穿梭在树林里为每一棵树刷石灰以便过冬，减轻护林人的负担。我们这些学长以一棵树摇动另一棵树，以一片云推动另一片云，参与并见证实践基地的成长，这又是何等的幸福。

学习之余，我喜欢打篮球和下国际象棋。我常自我调侃，像我们这种经常熬夜学习的，打篮球是标配。在实验室做项目使大脑长期处于沸腾激动状态，于是就需要一场酣畅淋漓的运动让身体也同频沸腾激动起来，就像双向奔赴、同频共振一样，这样才能达到身心和谐。打球是一项充满激情和活力的运动，场上的奔跑、跳跃、投篮、盖帽，让身体置于一场竞技狂欢。而且，篮球场上没有个人英雄主义，大家只有团结一致、共同努力才能获得最终的胜利。打篮球时，团队成员需要相互信任、传球配合、协防补位，这跟我们实验室团队何其相似，我们需要了解队员的个人特点，找出最佳的配合方式，在相互学习、分享、紧密协作中不断增强团队实力。而且，篮球运动也教会了我们如何面对失败。我们需要在失败中汲取经验教训，不断改进提高，才能取得更大的成功。做实验也一样，挫折和失败打不倒我们，只会让我们更加坚强、更加成熟。我还喜欢下棋，琢磨棋路的过程也是训练逻辑思维的过程，正如磨剑一样，平时磨锋利了，才能越来越好用。下棋也是一种精神上的放松，像冥想一样，专注其中，就会抛掉所有的压力和烦恼。

我非常喜欢我们学校的氛围，民主、平等、尊重、理解，能够欣赏、珍视、挖掘和支持每个学生。除了浓厚的科创氛围，运动、文艺等氛围也毫不逊色，各种活动丰富多彩。你以为学霸都是只顾学习的书呆子，但我们学校的学霸个个多才多艺，什么十佳歌手、运动达人、校园诗人……"春风化雨，润物无声"，学校以人为本、包容宽松的环境培养并提升了学生的综合素质，从而进一步激发了学生的创新潜质。

大学4年中，我在科创的海洋里"纵一苇之所如，凌万顷之茫然"。我曾获校"挑战杯"一等奖，校创意机器人比赛二等奖，圣光机学院第一届"Robotics Challenge of HDU-ITMO"比赛一等奖，校十佳"科创之星"；参与软件著作1项，公开发明专利3项；2022年主持的科创项目"数机智巡——中国安防巡逻机器人的先锋者"荣获了第八届浙江省国际"互联网＋"大学生创新创业大赛金奖、第八届中国国际"互联网＋"大学生创新创业大赛银奖。此外，我还获得4次二等奖学金，2次三等奖学金。

要说我在圣光机4年最大的收获，不是那些科创大奖，而是在实验室锻炼的自学能力、动手能力和团队协作能力。大学4年，我系统学习了机器人相关领域的基础知识，与小伙伴们一起日日夜夜地学习、探索，一路同甘共苦，这是一段非常宝贵又难忘的经历。经历过一个个小小的失败，经历过一场场紧张的比赛，经历过一个个成功的瞬间，这些都将成为我人生的承重墙，让我在以后的岁月里不惧不忧，不喜不悲，不骄不躁，走得更远。

机器人研究的门槛非常高，正是实验室浓厚的学习氛围以及老师、研究生学长们热心的帮助为我打开了一扇门，让我坚定地想继续留在实验室读研，以期能够深入学习，并为机器人行业贡献自己的绵薄之力。

经过大三暑假的第一轮复习和大四上学期的第二轮复习，

在6个月的奋战后，功夫不负有心人，我成功"上岸"，考取了杭电自动化学院张波涛老师的研究生。

我很幸运，在最好的年华来到了一所最合适的学校，遇到了一群最好的良师益友，做了自己最喜欢的事。相信一切都是最好的安排。

采访笔记

余佳珂，身材颀长，瓜子脸，皮肤白皙，五官清秀，还有一头乌黑茂密的头发，明明可以"靠脸吃饭"，却偏偏要去敲代码。他戴副金丝眼镜，弯弯的眉毛，弯弯的眼睛，往上弯的嘴角，腼腆的笑容，有着徐志摩式的诗人气质。他一进实验室，一动起手来，灵活、理性、专注、严谨表现得淋漓尽致。他鼻梁高挺，遇事有主见，意志力强，一旦干起活来，简直像台拆墙用的推土机，有种调动全身能量直捣目标的能力。

数学对于大多数人来说，只是从小学学到高中，再学到大学的知识，很少有人真正把它视为一种思维，也不曾拥有这种思维。而实际上，一旦掌握数学思维，看待世界、解决问题的方法就会与众不同，尤其是在这个以数据为驱动的时代。在这点上，余佳珂无疑是个幸运儿。实验室为他打开了一扇科创的大门，一旦进去，他那宁波人骨子里的聪明、勤奋、毅力、韧性都被激发出来，他的想象力、创造力都爆发出来。他刻苦学习，学无止境；他埋头苦干，不知疲倦；他奋力追光，与光双向奔赴。没有在深夜学习过的人生不是完整的大学人生，他无悔在圣光机的每一个日出日落，无悔每一个奔跑的脚印，无悔这大学4年青春。

他坐在电脑前，用弹钢琴的修长手指叩响一个个时代之问，吟出青春最壮丽的诗篇，奏响青春最明快的旋律；他奔跑在篮球场上，矫健的身姿与篮球融为一体，用力量和自信描绘青春最动人的画卷；他行走在校园里，捧着杭电这本散发着四季花香的书，读上千遍也不厌倦。

他说一口标准的普通话，年轻而富有朝气的声音让我想到投篮时篮球在空中的漂亮的弧线。对于我提出的每一个问题，他都娓娓道来，似在邀我和他分享一道道回忆的盛宴。他待人真诚，性格随和，无论是实验室里、篮球场上，还是教室里、宿舍里，都是一个值得交往的阳光男孩。他善良而带光芒，温和而有力量，勤勉奋进，在科创路上一往无前。

"踏遍青山人未老，风景这边独好。"机器人行业作为新质生产力的典型代表，会跟随GPU算力芯片的进步、AI大模型的迭代，出现持续的技术创新。他对机器人行业情有独钟，对前沿科技求知若渴，在实验室深耕细作、乐此不疲。

一代人有一代人的机遇和梦想，一代人有一代人的使命和担当。生逢盛世，当不负盛世。人生路漫漫，如何以最短的路径实现人生的价值，而不是做一只在怪圈中打转的蚂蚁？那就是胸怀"我将无我，不负人民"之初心，"清澈的爱，只为中国"之深情，将个人理想融入时代发展脉搏，将个人价值写进民族复兴征程，始终追寻光、成为光，将小小萤火汇聚成无愧时代、无愧国家的日月光辉。

人生海海
且行且歌且从容

黄向荣
HUANG XIANGRONG

但行前路，无问西东

——黄向荣

人物名片

黄向荣，男，毕业于福建泉州一中，杭电圣光机学院2020级自动化专业毕业生。

曾获圣光机学院第一届智能机器人竞赛一等奖，校"挑战杯"三等奖。"智能安防巡逻机器人"项目获第七届中国国际"互联网＋"大学生创新创业大赛铜奖，"毕方——智能助老护理机器人"项目获第八届浙江省国际"互联网＋"大学生创新创业大赛铜奖、第八届中国国际"互联网＋"大学生创新创业大赛银奖。曾担任2022年国家级大学生创新创业项目负责人。以第一发明人的身份获得专利授权1项，参与软件著作1项。曾获校级二等奖学金2次、三等奖学金1次。

大四时成功获得华为"2012实验室"工作邀请。

徜徉在校园里，樱花飘落化作一行行诗句，玉兰花绽放变成一个个音符。郁金香是三月最好的文案，每一寸光默默唤醒希望，每一缕香暖暖抚慰心灵，清风透过花瓣，吹落一地的缤纷故事。

　　我沉醉在故事里，与一只蝴蝶不期而遇。蝴蝶扇动着翅膀，问我是谁，从哪里来，要到哪里去。我正思考，蝴蝶在花丛中不见了。我用目光急切地寻找，目光所及之处是一抹抹葱茏、一树树花开，万物生长的声音似闹铃般催人奋进。我睁开眼睛，透过晨曦，看到了桌上的手机正随着闹铃的节奏一闪一闪。

　　又是美好的一天开始了。我简单盥洗了一下，快速跑向操场。晨曦微露，淡青色的天空上还镶嵌着几颗残星，操场上跑步的身影朦朦胧胧的，如同一只只蝴蝶，扑闪着银灰色的翅膀往前飞啊飞。

　　我慢吞吞地跑着，边跑边抬头欣赏天空的美景。耳边不时传来一个个超越我的气喘吁吁的声音、一阵阵铿锵有力的脚步声，望着那些坚毅的背影，我想到了"自然而然"。就像学校的"阳光长跑"，有的因为兴趣、天赋加毅力，破了省大运会纪录，一跑成名；有的因为坚持和刻苦，成功减重16千克；有的一开始纯粹是被动的，后来渐渐养成了运动习惯，变"脆皮"为strong（强壮）。他们一开始参加跑步时，也许自己并没有刻意追求什么，跑着跑着，一路坚持下来，就跑出成就感来了。

　　我也一样，刚进校门时，从没想过以后要成为一个"科创达人"；进我们学院实验室时，从没想过以后要去比赛并获奖什么的；也没有想过本科毕业以后要进大厂什么的。我就是自然而然走到了今天。

王阳明说过："圣贤非无功业气节，但其循着这天理则便是道，不可以事功气节名矣。""'发愤忘食'是圣人之志如此，真无有已时。'乐以忘忧'是圣人之道如此，真无有戚时。"虽然我不是圣人，但我非常认同"但行前路，无问西东"的道理。

我非常喜欢王阳明先生的《传习录》。我什么书都读，科幻小说、地理杂志、名人传记、哲学书籍、侦探小说、中国古典文学等。阅读是我的一大爱好，我总是随身带着一本书，在何时何地都不会觉得无聊。记得2020年夏天，第一次离家坐上开往杭州的动车，邻座见我正在读《红楼梦》，问我是不是考上了杭师大中文系，我微笑着回答，是杭电中外合作自动化专业。

可能是阅读广泛对我的影响吧，我不想成为按部就班的人。我始终认为学习不应出于功利目的，而应享受过程，养成终身学习的习惯。我始终认为人生出彩的道路有很多条，不是只有考上名校一条路。上中学时曾听说哪里有个考生因为考了个普通985，没考上清华、北大而失落自杀，我觉得很不可思议。我从来不和别人攀比，而是走自己的路，并坚持走下去。17世纪时，法国的罗昂家族权势如日中天，这个家族有一个家喻户晓的座右铭：吾非国王，亦不甘为王子，吾即罗昂。我非常喜欢这句格言，我喜欢它所传达的活出自我的精神——我就是我，不一样的烟火。

我在中学阶段比较贪玩，在泉州一中时成绩不算冒尖，最喜欢的学科是物理。广泛的阅读拓宽了我的思维，增强了我的想象力。杭电的科创气质非常适合我，加上旅游也是我的一大爱好，"上有天堂，下有苏杭"，我就自然而然到了杭电。

　　2020年9月5日，我一下火车就来到了西湖边。"欲把西湖比西子，淡妆浓抹总相宜。"我看到西湖就觉得非常亲切，因为我们泉州也有个西湖，一个是"东南形胜，三吴都会，钱塘自古繁华"，另一个是"清源山下水，妙化出西湖，水秀刺桐阁，鸟语伴花香"。虽然泉州和杭州都有着令人流连忘返的美景，但浙江毕竟是教育大省，开学不久的一场焊接比赛就让我有了"刘姥姥进大观园"的感觉。

　　开学伊始，学校各种社团、协会的招新活动都非常热闹，每次路过那些摊位，听到学长们热情的招呼声，我都会饶有兴致地驻足观望一番。科协焊接比赛打出"欢迎萌新小白"这几个字，着实让我心动不已，再三确认零基础也可以报名后，我欢天喜地地报了名。给你1张电路板设计图纸，持1把焊枪，将晶体管、二极管、电阻等电子器件、元器件焊接在电路板的正确位置，使电路板实现整个电路的传输功能，控制电子元件的工作——想想都让人兴奋。

　　我去校图书馆借了几本电焊方面的书，自学了几天，比赛前去实验室练习时和同学一交流，发现身边全是高手，自己中学时只学了电流、电压、电阻的基本知识，但浙江的学生连电控都学过了，有几个来自杭州的学生连大学物理都自学过了，真的一个比一个牛。虽然我像个没见过世面的"刘姥姥"，但我发现杭电这个"贾府"里的人都很友好，比赛时2个队友和我配合默契得就像3个焊件已无缝连接成了整体。最后，我们小组的作品获得了最高奖，奖品是价值500元的STM32——一台我梦寐以求的高级单片机。

虽然STM32让我两眼发光，但入学时我没有任何C语言基础，连51单片机都没玩过。就在那个时候，有了一个让我振奋的好消息。我们圣光机学院新成立了智能机器人与自主系统实训基地和物联网与大数据智能分析实训基地——以培养创新硬核能力为导向的两个本科生实践平台。俄方教师和中方教师联合指导学生在科研实践平台上做项目。

我还记得是辅导员吕伟昕老师在2020级自动化群里发了通知：学院实验室招新，接纳科创零基础学生。零基础！零基础！零基础！重要的事情说三遍。吕老师永远是那么善解人意。我喜出望外，如果说焊接比赛就像我起床跑向操场时黎明才现的一道曙光，那么进入实验室就像此刻的天空，太阳正冉冉升起，金色的光芒洒向万物，一幅瑰丽的画卷徐徐展开。

一开始，群里报名的人有50多个，有像我一样对实验本身饶有兴趣、跃跃欲试的，有出于好玩、好奇而摩拳擦掌的，有被同学拉着一起来凑凑热闹的。招新的笔试题是一道编程题，第一步是识别绿色背景的红苹果，第二步是识别绿色背景的绿葡萄，第三步是识别葡萄枝条。10月份布置的题目，要过完寒假才交，时间非常充裕。时间充裕看似不利于选拔人才，实则是最好的筛选器。一开始，身边的同学大都对人工智能AI算法兴致勃勃、踌躇满志，去图书馆捧回高高一摞书，从网上下载各种编程课程，誓要拿下这道题。然而，第一步还简单，在绿背景上识别红苹果，绿色对应红色，只要学习一下C语言、OpenCV（跨平台计算机视觉和机器学习软件库）等基本能识别出来。到第二步，背景是绿色的，葡萄也是绿色的，葡萄表面还有反光，太难识别了，就有一半人放弃了。到第三步，葡萄枝条不要说颜色难识别，形状也难识别。要进行数据采集标注，学习算法进行模型训练，还要开展图像识别、处理和分析，太复杂了，太烧脑了，太枯燥了。不少同学学累了、算烦了，就打几局游戏、刷几个短视频放松放松，心想反正离交作业还早着呢，这样一拖延，到了交作业的时间，只好灰溜溜地退群。最后，只剩下10多个同学去参加面试。

　　4年前第一次见到张波涛老师的情景历历在目，犹在眼前。张老师戴副眼镜，镜片后有一双弯弯的眼睛，始终笑吟吟的。相由心生，张老师一看就非常和善，一张口，满脸慈慈的笑意就溢了出来。张老师问我的第一个问题是，为什么要加入实验室。我回答说是因为热爱。我说的是实话，我是真的对探索未知的领域充满了兴趣。为了完成编程题，我开始自学C语言、卷积神经网络（CNN）、STM32等。我一点也不觉得枯燥、苦和难，相反，因为学习能解决相关问题，我越学越觉得其中饱含乐趣。张老师满意地点了点头，第二个问题是，我有没有基础。我老实回答，从零开始学。张老师让我慢慢学，学得慢不要紧，暂时学不会也不要紧，只要始终保持学习的兴趣，就不会被难倒。他一点也没有嫌弃我这个"小白"的意思，反而一个劲地鼓励我。他还说，做软件可能会比较枯燥，可以先从硬件入手，边做边学，这样比较有趣。张老师随即给我推荐了几个网站，让我学习 ROS 机器人操作系统、SolidWorks、Linux 等。第三个问题是我对什么比较感兴趣，我擅长什么。张老师说，实验室招新为什么不用现场考试这种模式？这是因为科创不是为了掌握固有的知识，而是为了靠兴趣、想象力和创造力探索未知的领域，所以会提问比会考试更重要。张老师还说，我们的实验室没有任何功利目的，不是为了做某个项目才把大家召集起来，而是为了让每个成员开展兴趣式探索，挖掘出每个成员的科创优势，为每个成员量身定做实验项目。

我感觉自己正如茫茫大海中的一叶扁舟，在起伏不定、彷徨四顾时，突然一个大浪推了我一把，让我看清了方向。在接下来的 4 年里，张老师像浪花一样一波一波地推我们一往无前。

实验室里需要什么材料，张老师让我们自己买来自己配，还让我们多买一点，这样，我们在不断试错中就会毫无压力。

我们一开始搭建了一台轮式机器人，说是机器人，其实做得非常粗糙，就搭了 3 层亚克力板，中间搁了台电脑，下面安装了 2 个轮子而已。至于功能，只要我们敢想，就会千方百计去做。当时正值疫情防控期间，我们看到安保工作既烦琐又压力巨大，就萌生了做安防机器人替保安减负的念头。我们做出来的安防机器人除了日常巡逻，还能识别高空抛物，识别外来人员并登记，持额温枪测温，挤消毒洗手液，发放口罩等。

张老师充分发挥我们团队每个成员的优势，数学强的去开发软件，物理强的去开发硬件，组织能力强的去做项目负责人。

我们在做项目的过程中，不断有创新的灵感出来，张老师就鼓励、引导、帮助我们去申请专利。学校有老师专门负责这一块，做到了专家式指导、保姆式服务。等我们完成项目，专利、论文就都有了。比赛一来，我们就自然而然地去参赛了。参加比赛的过程也是学习的过程。我就这样边做边学边赛，边赛边做边学，从获得学院第一届智能机器人竞赛一等奖，到获得第七届中国国际"互联网＋"大学生创新创业大赛铜奖，第八届浙江省国际"互联网＋"大学生创新创业大赛铜奖，第八届中国国际"互联网＋"大学生创新创业大赛银奖。

做实验项目除了获得诸多奖项外，还让我收获了以第一发明人的身份获得专利授权1项、参与软件著作1项，担任2022年国家级大学生创新创业项目负责人等诸多成果。在这里不得不感谢我们院、校两级领导，对我们学生真的是关怀备至，同学们无论是选择考研、就业，还是海外申研，学校都有一整套成熟的成才孵化激励制度，竭尽所能为学生提供导师、实验室、经费等支持，提供全方位的升学指导和就业服务，用心、用情、用力引导和帮助学生及早规划，鼓励学生多元发展，持之以恒，一步一个脚印地攀登人生的高峰。大学4年里，无论是圣光机学院原来的刘顺兰书记，还是现在的胡海滨书记在任时，院长信箱都是秒回应，令我感动至今。

不少人好奇，在实验室做项目占用大量时间，不影响学习吗？恰恰相反，在实验室做项目从某种程度上促进了学习。因为学习最重要的是方法和效率，不是时间。做实验激发了学习的自驱力，在实践中更是加强了对知识的理解，所以我们实验室成员个个都拿到了奖学金。

说起我作为第一发明人的专利，还和一次做义工有关。大一暑假时，我回泉州老家，社区招募义工，我报名后，被分到一户老人家里。我们泉州是著名的侨乡，这几年城乡越来越漂亮、生活越来越便利、创业环境越来越好，治安又好，选择回乡创业的侨民越来越多，选择叶落归根的老人也越来越多。我们小区就住了不少侨民，而我去照护的就是一个80多岁的印尼侨民。老爷爷单身一人，"乡音未改鬓毛衰"。他用闽南话告诉我，护工太难找了。来做护工的人大多上了年纪，没什么文化，连药品上的字都不认识，幸亏社区三天两头派出义工来帮忙。

我听了很感触。我们国家老龄化社会带来的一大问题就是护工短缺，数量上远远不够，质量上更是堪忧。我想到未来机器人护理是大势所趋，回家后便去网上搜索了相关资料，了解到目前的护理机器人在功能上还有许多待完善的地方。

白天照护老爷爷时，我一边模拟机器人场景，一边思考机器人去取药时如何识别遮挡物体，如何在房间内做最优路径规划。我被一个个问题日夜纠缠，在大脑中反复推导了上千次。有一天已经半夜了，我还在电脑上算啊算。每次遇到激发我好奇心的问题，我不眠不休也不会觉得累，直到把它彻底解决。突然，灵感如闪电破空一般闪现！

我兴奋地在电脑上打出：确定所需药物种类；机器人通过SLAM技术移动至固定的存药位置，采用视觉伺服的方法获取并存储现场信息；采用直方图均衡化的方法对深度相机所获图像进行处理，增强图像整体对比度；采用多特征融合物体识别方法对目标物体进行识别，确定目标药品的位置信息；利用多自由度软体爪机械臂初次抓取匹配度排序第一的药品，将其带到老人视野中，询问是否为所需药品，若满足要求则运送至老人面前。该方法提出了遮挡物体识别、全局最优路径规划方案，大大减轻了复杂环境对机器人工作效率的影响，提高了对指定药品识别与抓取的精确性。

完成初稿后，我躺到床上，抓起一本《宋词三百首》。这时，我在静静的夜里听到了一阵阵蝉鸣和蛙声，听到了蟋蟀的浅吟低唱，在夏夜温润的空气中闻到了阵阵花香。之前，我沉浸在问题里，什么也没关注到。"明月别枝惊鹊，清风半夜鸣蝉。稻花香里说丰年，听取蛙声一片。"我在宋词的清风明月中心满意足地睡去。

哪怕是学到很晚，睡前我也要看会书。"为有源头活水来"，看书除了是我灵感的源泉，在培养专注力、放松精神方面给我的帮助也是弥足珍贵的。"互联网＋"大学生创新创业大赛前的一段时间，我整日整夜待在实验室里，累不累？当然累！但我从不失眠。靠什么放松紧绷的神经？那就是睡前阅读的习惯。

如果我说我去华为面试还不如开学进学院实验室时张波涛老师的面试紧张，大家肯定不相信。我说的是实话，进学院实验室前，我的科创一穷二白，心里一点底也没有。而圣光机4年下来，我在实验室做了项目，打了大赛，更何况在去华为面试前，我已面试了许多单位，收到了不少单位抛过来的橄榄枝。

华为的面试有3轮，前2轮是技术面试，考察编程知识，要求10分钟完成编程题。我是自动化专业的，在实验室做项目，又一直在编程，算得上理论知识扎实、实践经验丰富，自然不会有什么问题。最后一轮是主管面试，主管对我在实验室的项目比较感兴趣，问我创新之处在哪里。我想起我申请发明专利时，国家专利局打来电话，问的是同样的问题。于是，我知道这时需要的不是简单的陈述，而是说明白设备上有什么创新，算法有什么创新，应用场景有什么创新，且需要逻辑清楚，有理有据。所以，这次我毫不费力地让主管频频点头。主管又问我对团队合作的看法。实验室的情景一幕幕浮现在眼前。我们团队成员经常彼此分享研究思路，除了享受与人分享的乐趣外，需要努力使自己的论证让人信服。在帮助他人理解的过程中，自身的理解也会得到强化，有助于加深自己对问题的反思，这也是好主意的催化剂，有时别人不经意的一句话会让自己灵感乍现。所以，我脱口而出："我们实验室团队成员相互配合，合作搭建了 2 台功能完善的移动轮式机器人，并结下了深厚的友谊。我们一路摸索，逐步攻克各项技术难点，与研究生学长等一起交流、分享前沿知识和各种学习方法，参加各种类型的比赛，与实验室一同成长。在实验室期间，我不仅增长了知识，提高了学习能力，还得到了团队合作、应用实践方面的锻炼。"

最后，主管问我在职场时受了委屈怎么办。我想起在实验室时，有时找差错，一找就两三个小时，甚至两三天。有一次，我花了好几天时间重新对每一个步骤进行操作和运算，就像把一座高楼推倒，重新建筑架构。结果发现，问题出在队友把一个符号写错了。这个时候觉得冤枉吗？觉得委屈吗？会把这个

"猪队友"骂一顿吗？如果我们每次都把注意力放在自怨自艾或者怨天尤人上，我们肯定不可能走得更远。我们每次都只关注结果：噢，终于解决了！在那神奇的一刻，一切都水乳交融，我们的项目以如此和谐的方式闪着光，吸引着我们所有的注意力。其实结果一直在那里，就像一座高峰，它就在那里静静地等待着我们，所有的绊脚石都是为了考验我们的心性，所有的磨难都是为了锤炼我们的意志。在这个世界上，只有经历过苦难才会真正热爱。因为热爱，所以执着；因为热爱，所以无所畏惧；因为热爱，所以毫无怨言。4 年同甘共苦，使我们团队结下了战友般深厚的感情，没有委屈，只有包容；没有痛苦，只有纯粹而深沉的幸福。

实验室里宝贵的经历让我在面试中拥有足够的专业能力和综合素质，也许是我的沉着自信、我的"多面手"式的专业背景、我永不满足的好奇心给主管留下了较好的印象，最终我成功加入华为"2012 实验室"。

华为的"2012 实验室"号称华为最神秘的组织，属于华为中有极高战略地位的研究机构，据称该实验室的名字来自任正非观看《2012》电影后的畅想，他认为未来信息爆炸会像数字洪水一样，华为要想在未来生存发展就得构造自己的"诺亚方舟"。

我如果 4 年前不进杭电圣光机，就没有机会进"宝藏"实验室；如果不进"宝藏"实验室，就没有科创比赛奖项和实验室成长起来的综合素养。如果没有这些，我就不可能为自己打造从圣光机实验室驶向华为"2012 实验室"的命运方舟。所以，迈进杭电的那一步似开启了蝴蝶效应。

太阳越升越高，我看到一缕金色的光芒穿梭在操场边的树叶之间，点亮了一片片树叶的缘边，勾勒出树叶细腻的纹理，折射出跳跃的光斑。阳光透过树叶的缝隙洒在地面上，洒下点点碎金。我想到了物理上的丁达尔效应。这是一种光的散射现象，当一束光线透过胶体，从垂直入射光方向可以观察到胶体里出现的一条光亮的"通路"，这意味着光可被看见。

望着操场上奋力奔跑的学子们，我想人生是场没有终点的马拉松，不管是在杭电还是在华为，或者其他任何地方，我都不会停下奔跑的脚步。因为我心中始终有杭电圣光机的一束"光"，为我拨开迷雾，指引我前进的方向，给予我前进的勇气与力量。

风中隐约传来一阵熟悉的旋律，那是一首闽南老歌《爱拼才会赢》。

人生可比是海上的波浪

有时起　有时落

好运　歹运

总吗要照起工来行

三分天注定

七分靠打拼

爱拼才会赢

…………

采访笔记

黄向荣，挺拔宽阔的额头高高隆起，闪着智慧的光芒，一道浓烈的剑眉下，黑框镜片透出知识分子的沉稳。一双眼睛因为眼线长长的，看上去始终笑眯眯的，一看就是个有耐心、好脾气、能沉得住气、富有亲和力的人。采访时，他从不打断我说话，始终耐心倾听并认真回答我的每一个问题，大多数时候对我说的话都表示同意，即使相去甚远，他也不直接否认，而是委婉地说"差不多是这个意思"，而且他很爱笑，采访气氛特别轻松。他是泉州人，普通话里却听不出一点闽南口音，倒是习惯性地夹杂着英语，可见其对英语的熟练。他思维敏捷，逻辑缜密，说话不紧不慢、有条不紊。他的说话方式没有任何做作、故意附和人的虚假感觉，而是非常自然真诚。

他是一个热情的人，对自己热爱的东西有种献身式的痴迷。他的目光并不咄咄逼人，却有仿佛火一样的热情。好奇心在他的血液里炽热燃烧。科创对他而言，不是冰凉的概念和原理，是随时随地穿过丛莽的探索，好似走进无边无际、无穷无尽的境界。似乎是惩罚和考验的东西，对于这个享受沉浸式科创的人而言，每次竟成了帮助。会把意志力薄弱的人击成齑粉的失败，却一次次增强了这位充满激情的人的力量。

他对宇宙万物的兴趣超过对自身的关注，所以没有容貌焦虑，没有虚荣心，既不自卑，也不自负。浮躁喧嚣的世界与他无关，他蜕掉各种杂沓纷扰，不被各种外在力量所打断，将自我应有的内在充分开放，在自由、自主、自足的状态中，打开敏锐的触探，去理解、去思考、去探索；在放松的状态中，不断沉淀，不断成长。他有坚定的梦想、坚毅的眼神、自燃的火，让他在学习的道路上从不懈怠、一往无前；他有内生的锚，让他在科创的海洋里无所畏惧、乘风破浪。

他骨子里有着泉州人的热情豪爽、豁达洒脱、大气包容、敢拼敢赢。他不盲目，不内耗，不自寻烦恼，清醒理智，通透智慧，高调做事，低调做人，学得奋进，松弛，内心强大，自信自律，自得其乐。他是个乐观主义者，对未来充满了憧憬。他有一颗感恩的心，对天地万物心存敬畏，对学校、老师充满了感恩。

"人生海海"，且行且歌且从容，总有人间一束光，照我十万八千里。

我们终其一生无不在
寻找价值感与归属感

许凯胜
XU KAISHENG

"胜人者有力，自胜者强"

——许凯胜

人物名片

许凯胜，男，杭电圣光机学院 2020 级自动化专业毕业生，中共预备党员。

曾获第七届中国国际"互联网＋"大学生创新创业大赛铜奖，第八届中国国际"互联网＋"大学生创新创业大赛银奖。参与国家大学生创新创业项目、浙江省新苗人才计划项目。曾获浙江省政府奖学金 2 次，校一等奖学金 3 次、二等奖学金 2 次。曾担任圣光机学生会主席，组织开展大型活动 10 余项，志愿义工时长 110 小时。曾获校十佳"义工之星"、优秀学生干部、三好学生，以及第五届"青春杭电"百名优秀大学生"力行之星"等荣誉称号。

已被推免至中南大学攻读硕士学位。

最美不过六月荷，杭电十景之一的"书海风荷"成了毕业生最热爱的打卡地。

一池碧波中田田的绿叶似层层绿浪荡漾着一点点粉白，似片片翠玉掩映着一抹抹粉红，似千军万马守护簇拥着一个个娇艳的皇后。亭亭玉立的荷花有的羞涩地打着朵儿，有的袅娜地开着，有的默然伫立享受着热闹之中的宁静，有的摇曳生姿灼灼其华。热烈的风从花朵间隙吹拂过来，带着泥土的芬芳、荷叶的清新、荷花的淡淡香气。高树上的蝉声连绵悠长，似一声声火车的鸣笛。在离别的不舍中，思绪把我带回到了3年前的夏夜。

酷热难耐的盛夏之夜，连吹来的风都是燠热的。7月校园的夜晚静悄悄的，我来到图书馆前的一片荷花丛中。月光透过周围的高树，在荷叶上落下参差的、斑驳的黑影。一枝枝荷花从挤挤挨挨的荷叶中探出头来，仰望着星空。不管是白天还是黑夜，无论有没有眼睛在注视她们，她们兀自盛开着，惊艳着整个夏天。一阵风吹来，叶子底下脉脉的流水、水面上点点碎金似的月光、舞动的叶子和花奏响了和谐的旋律。

此时此刻，我想到了400多年前的高濂，也是在这样一个夏日的夜晚，择一处山居凉亭，月下赏荷抚琴，月光如水，荷池如诗如画，琴音袅袅，一如他辽阔高远的心境。我还想到了900多年前的周敦颐，也是在这样一个夏日的夜晚，在荷花池畔赏月品茗，看到荷花生活在泥潭里依然仰望着星空，吟出了

"予独爱莲之出淤泥而不染，濯清涟而不妖，中通外直，不蔓不枝，香远益清，亭亭净植"。人和荷花何其相似！从"小荷才露尖尖角"到"卷舒开合任天真"，再到"灼灼荷花瑞，亭亭出水中"，最后到沉甸甸地低着头弯着腰，期待着莲子成熟的盛景。我们终其一生无不是像荷花一样在寻找价值感与归属感，无不是在追求自我实现。月光似水，静静地洒在我身上，我感觉自己也化作了一枝荷，所有的烦恼和失意一扫而空，心情变得宁静而泰然。

那是 2021 年 7 月，大一的暑假里，我们刚刚参加了第七届浙江省国际"互联网＋"大学生创新创业大赛，我们的"智能千里眼"项目没有拿到任何奖项。从 4 月份接到通知决定去参赛，3 个月的准备时间非常仓促。我作为项目负责人，参与从人员分工、任务划分到整合修改，从写文本、制作 PPT 到一次次模拟路演。时间紧，任务重，压力大，起早摸黑，废寝忘食，呕心沥血，辛苦了 3 个月，最后没有收获任何奖项。

我们应该后悔吗？当时我们圣光机实验室刚成立不久，智能机器人与自主系统实训基地负责人张波涛老师刚开始指导我们做项目，大赛消息便突然而至。张波涛老师说："大赛主题是'我敢闯，我会创'，你们敢不敢去闯一闯？"所以，我们能够勇敢迈出这一步已经非常不容易了，我们应该为我们的勇气而自豪。我们应该抱怨吗？在这 3 个月里，我们团队取长补短，相互学习，协作共进，我们唯有庆幸拥有这么好的导师，这么好的团队。在比赛的过程中，我们开阔了眼界，拓展了思维，学到了不少新知识，我们唯有感谢这次参赛机会。我们应该消沉吗？胜败乃常事，这种失败本身并不可怕，真正的失败是从此丧失信心、一蹶不振。我们唯有在每次失败中反思问题所在，找出与别人的差距，不断磨炼心性，才能败而不馁、挫而不折、输而不倒、越挫越勇、浴火重生。

很快，我们的"智能千里眼"项目就在2021年10月的第七届中国国际"互联网＋"大学生创新创业大赛总决赛中打了翻身仗，获得了铜奖。圣光机学院是第一次参加国际比赛，底子不足，经验没有，在省赛没有获奖的情况下，在国赛中获奖着实超出了我们的心理预期，也提升了我们的信心，进一步激发了我们科创的积极性。我们院的"毕方——智能助老护理机器人"项目，在接下来的第八届浙江省国际"互联网＋"大学生创新创业大赛中获得了铜奖，在第八届中国国际"互联网＋"大学生创新创业大赛总决赛中更是前所未有地获得了银奖。

这些消息传来，整个学校都沸腾了，令人激动和振奋。但就像别人看一幅刺绣品，看到的只是正面美丽的画面一样，只有我们自己看到的是背后密密麻麻的"针线"。成功从来都不是一蹴而就，而是由无数个努力的瞬间积累起来的。我作为项目负责人自然承受了更多的压力。

经过前几次比赛，我们已积累了一定的大赛经验，除了在实验室一次次优化项目技术，一次次修改、美化PPT外，我更是在提高演讲水平上下足了苦功夫。多少个清晨，我在校园里练习，从映日荷花到三秋桂子，花开花谢，默默见证了我的进步；多少个夜晚，从热浪滚滚、蝉叫蛙鸣到蟋蟀声阵阵夜逾静，一阵秋风一阵凉，清风明月默默陪伴了我的成长。

当然，我们不是在孤军奋战，学校多次召开了大赛推进会、项目交流会、组织协调会，学院、部门给予了资金、后勤保障等支持，校原党委书记王兴杰、副书记钱波、副校长李文钧等领导还到备赛现场亲切慰问指导，为参赛项目团队加油鼓劲，勉励大家自信自强、敢闯会创，勇攀"双创"高峰。

线上总决赛抽签结果是下午 3 点开始公布，我 1 点就坐在电脑前等了，结果从 1 点一直等到 6 点，一步也不敢离开，而且忐忑不安，一直盯着电脑屏幕，就怕万一掉线了。终于轮到我上场了，在提问环节，主考官问了一个很专业的技术问题，得益于我在实验室的反复推理、演绎、计算，逻辑架构已在我大脑中根深蒂固，我最后回答正确，赢得了阵阵掌声。

事实证明，只有勇于尝试，不放弃任何希望，努力拼搏，才有希望获得成功。

王阳明不止一次对弟子们说，"人皆可以为尧舜""个个人心有仲尼"。你可以从万卷书中求知，在万里路上悟道，激发心性中的力量，去做一切你想做的事。

2020 年 9 月开学不久，就迎来了院学生会招新。要不要报名，我有点犹豫。学生会是锻炼能力的平台，但事情一多，多少会影响学习。更何况，人才济济，能否通过面试还是个问题。我决心逼自己一把，报了办公室干事。面试时，学长问我，为什么要报办公室。我回答说，办公室干事要和学院领导、老师、学生会主席、学生会各部门人员打交道，要处理招新换届、学生干部培训、学生会规章制度施行等事情，是考验沟通能力、锻炼干事能力的最好平台。既然是为了锻炼能力，自然是越难越值得去做。

进了学生会后，要做到学习和学生工作两手抓、两不误、两促进，就需要时间管理能力和吃苦耐劳精神。我从学生会办公室干事干起，到办公室部长，再到竞选上学生会主席，无不是一次又一次对自我的挑战，展现了一次又一次战胜自我的勇气。

凡是让你痛苦的事情都能提升你的能力。痛苦的本质是对自己无能的恐惧。等到事过境迁，为什么又觉得云淡风轻了？因为自己已经有应对能力了。如果人始终拒绝痛苦，那就是拒绝成长、拒绝进步。人不逼自己一把，永远不知道自己有多少潜能。

加入我们圣光机学院智能机器人与自主系统实训基地实验室又是一次对自我的挑战。

大一上学期，实验室招新，张波涛老师要求完成识别苹果、葡萄的编程任务。题目是识别图片中的苹果、葡萄和葡萄枝条，只需要完成简单的颜色对比就能识别。从 2020 年 10 月到 2021 年 2 月，我从零开始一直在自学计算机相关知识，其中的艰涩、枯燥自不必说，身边的同学陆续萌生退意，我咬咬牙坚持了下来。完成题目要求后，我进一步挑战自己。果园里绿油油的叶丛中挤挤挨挨地生长着一个个红彤彤的苹果，"叶遮挡""枝遮挡""果实遮挡"和"混合遮挡"等各种复杂情形怎么识别？葡萄园里满眼皆绿，一片片青绿色的藤蔓、一簇簇青绿色的叶子、一串串青绿色的葡萄，葡萄表面还有反光，在一片汪洋的绿色中，葡萄枝条、叶子和葡萄果实缠绕在一起，应怎么识别？

从一开始报名的50多个人到坚持完成题目的10多个人，再到通过面试的只有5个人。我想到了王安石在《游褒禅山记》中的一句话："而世之奇伟、瑰怪，非常之观，常在于险远，而人之所罕至焉，故非有志者不能至也。"

圣光机学院本科生实验基地虽然成立时间不长，但成绩斐然。2023年圣光机学院共有19个"互联网＋"项目从智能机器人与自主系统实训基地、物联网与大数据智能分析实训基地孵化出来。除了我负责的"毕方——智能助老护理机器人"项目外，余佳珂负责的"数机智巡——中国安防巡逻机器人的先锋者"项目也获得了第八届中国国际"互联网＋"大学生创新创业大赛主赛道国际推荐项目银奖。

如果把我们的智能机器人与自主系统实训基地比作一支"军队"的话，我们的负责人张波涛老师俨然是唐代名将郭子仪一样的出色将领。郭子仪智勇双全，有着出色的统兵和指挥才能，善于兼收并蓄、求同存异，对将士爱护有加，对同僚大度有礼、不立私威。张老师不仅平易近人，爱学生如爱子，而且能充分发挥团队中每个人的优势，发挥"长板效应"。

我对机器人视觉非常感兴趣，张老师就让我与赵帅银、岑滨斌合作，他俩对深度学习和嵌入式系统等感兴趣；张老师还让黄向荣与余佳珂合作，这两个同学一个擅长机器人硬件设计，另一个对机器人导航感兴趣。张老师知己知彼，指挥若定，运筹帷幄，所以才有"实验室人均国奖"的骄人成绩。

不怕神一样的对手，就怕"猪"一样的队友。古今中外历史上"猪队友""神助攻"的例子太多了。楚汉战争中项羽被刘邦打败，除了自身原因之外，项伯实在"功不可没"。项伯在鸿门宴上"项庄舞剑，意在沛公"时搅局掩护刘邦，简直可被称为中国历史上"猪队友"No.1。滑铁卢战役中，拿破仑望眼欲穿也未等到"猪队友"格鲁西元帅的支援，导致法军最终失败，拿破仑帝国终结。

所以，我们实验室取得优异的成绩，除了得益于队员们做事认真、负责、勤勉、坚毅的精神，每一个细节都不放过的精益求精的严谨习惯外，更重要的是我们团队成员相互学习、共同进步，取长补短、集思广益，相扶相携、共同成长，齐心协力、团结一致所迸发的能量。

我对机器人视觉非常感兴趣，后来还针对机器视觉的雨雾去噪算法进行了深入研究，这一灵感来自一场志愿活动。

2021年5月底，我参加杭州临平超山的斯巴达勇士儿童赛志愿活动，担任4—6岁组负责人。我提前一天走遍了每一个角落，熟悉了志愿者的各个负责区和越野赛的每一个障碍点。

一开始，比赛顺利进行，虽然初夏的杭州非常闷热，但小朋友们都在竭尽全力地往前冲，志愿者们也都各就各位、各司其职。

夏日的天空，说变就变，突然刮来一阵大风，一道闪电划过，紧接着一声闷雷，天霎时变暗了！还没等人反应过来，雨点已经飘下来了！先是稀稀疏疏的小雨点，后马上变成了豆大的雨点，而且雨点越来越大、越来越密，在空中织成一张大网罩了下来。

现场一片忙乱喊叫声。我的心一下子揪紧了，大雨不仅增加了小朋友们运动的危险，模糊了志愿者们的视线，还引起了家长们的担忧。所幸我提前一天做过预案，不至于惊慌失措、手忙脚乱。我先到家长这边，宽慰安抚他们的情绪，让他们相信我们的组织能力、应变能力、安全保障能力。然后我一头冲进了茫茫雨海中。雨实在太大了，雨点打得我眼睛都睁不开，幸亏我提前踩过点，每一条赛道、每一个障碍点像一幅地图刻在我脑海里。我冒着大雨陪伴小选手们一起往前冲，时刻关注着意外情况。山野丛林中的赛道地势高低起伏，大雨中每一个奔跑、攀爬、翻越、跳跃的动作都充满了惊险，一看到有小朋友在泥泞中滑倒，我都是第一时间冲过去，把他抱起来，为他加油鼓气。与其说我在鼓励他们，不如说我在鼓励自己，因为在暴雨中奔来跑去，我除了浑身湿透、一身泥泞外，也早已精疲力竭。

如果说小朋友们在终点冲线的那刻，完成了肉体的淬炼、精神的洗礼和自我的重生，已然成长为崭新的自己，那么我经历过这场暴雨的洗礼，也不再是原来那个我了。村上春树说过："当你经历过一些事情的时候，眼前的风景已经和从前不一样了。"面对未来人生道路上的困难、挑战和挫折，我想我有了"莫听穿林打叶声，何妨吟啸且徐行"的底气。

在这次志愿活动中，我不仅赢得了"优秀志愿者"这个荣誉称号，还收获了一个机器人视觉创意。我想到假如志愿者的工作让人工智能来完成的话，机器人在室外运行时同样需要面对雨雾干扰。兴趣是最好的老师，就这样，我针对机器视觉的雨雾去噪算法开始了深入研究。

"路漫漫其修远兮，吾将上下而求索。"学习从来不是一条坦途，而且永无止境。科创就像爬山。为什么要爬山？因为山在那里，你留在下面，就永远不知道上面有什么。繁杂的学生工作使我需要不断地与人打交道，不停地处理各种事情。"读万卷书，行万里路。""行之力则知愈进，知之深则行愈达。"在学习、科创、学生工作上，其实能力是相通的，而且是相辅相成的。大学4年，我努力做好学习、科创、学生工作之间的平衡，在学习上拿到了省政府奖学金；在科创上拿到了国奖；在学生工作上作为学生会主席组织大型活动10余项，作为志愿者做义工时长110小时。

大学4年，我并没有把目标当成一个终点，而是专注于每一件事，把每一件事做好了，把每一天过好了，结果自然也好了，最后我成功保研中南大学。

我的高考目标是中南大学，作为一名湖南学子，无不对前临湘江橘子洲、背靠岳麓山的中南大学心生向往。因为缘分，4年前，我到了杭电。我曾在"长虹揽月"下立下志向，曾在"兰亭春晓"时种下梦想，曾在"藤廊寄梦"处漫步，曾在"雅湖云影"畔读书，曾在体育场内挥洒汗水后漫步麦园，拥抱裹着麦香的秋风，感受"麦野浮金"的丰收喜悦。几度春秋，花开花落，我对美丽的杭电有着刻骨铭心的感情。今后无论我去向何方，杭电一定会带着祝福和期待，出现在我满是栀子花香的梦里。

我喜欢历史，中学时成绩最好的一门课是历史课。为什么我这个爱好历史的人能爆发科创能量？我想跟我们学校以人为本的育人机制分不开。学校从来不在学生身上贴标签，什么文科男、理工男、文艺男、体育生这种，每个人都有创新的潜质，每个人都可能成为科创达人。因为科创除了需要扎实的数学基础、敏锐的洞察力和想象力外，对实际问题的浓厚兴趣和广博的知识面同样重要。

圣光机学院本科生实验基地以学生为中心，发现并挖掘每个学生的长处和优势，根据每个人的兴趣特长，积极引导，量身定做发展方案。以问题为主线，引导学生主动学习，鼓励学生主动探索，激发学生科创的兴趣和意识。学校积极引导学生聚焦国家发展战略需求，关注社会热点，以解决现实生产生活中的实际问题为出发点和落脚点，持续深耕，不断提高学生分析问题和解决问题的能力。

历史思维给了我更多的视觉和直觉。直觉让我在科创上有更多的灵感火花，更多地通过观察和推测进行推理，而不是一步步构造或演绎。历史视觉让我读人性、省自己，站得更高，看得更远。唐太宗曾言，以史为镜，可以知兴替；以人为镜，可以明得失。人生是场修行，就是不断重塑自我的过程，要学会以史为镜，直面并修正自己的缺陷。人性中的弱点，懒惰、无知、自大、怯弱等，需要"吾日三省吾身"。若不懂反省，便会一次次犯同样的错。学会总结反省，才能不断进步。一旦提升了内在修为，养成了坚韧的品性，外界再大的磨难，也不能阻挡前行的脚步；再难攀岩的险峰，也如履平地，所有的苦难都不值一提。

我相信每个人来到世上都有使命，每个人都有足够的能量做好一件事。每个人都有做某件事的激情，没有高等或卑微之分。激情是种原始力量，就像每个人手掌上的纹路，都在围绕着命运一个劲地盘旋奋进。好的教育会用气氛推动它们，用感情鞭笞它们，用梦想使它们陶醉，让它们在心醉神迷之中狂奔，直到激情之火熊熊燃烧。

　　为什么大多数人终其一生碌碌无为？有的是沉迷在各种感官享受中浪费了激情，有的是在情绪内耗中耗完了激情，有的激情沉睡着，像只没有点燃的蜡烛。每个人只有集中精力全神贯注于一个目标，像园丁掐芽控制枝条的生长一样，不为其他欲念诱惑而分散心神，心无旁骛，才能完成自己的使命。

　　大多数时候，困扰我们的不是事情本身，而是认知的局限性。有时候，付出得不到收获，不是不够努力，而是认知出了问题。只有不断学习，不断提高认知能力，不断提升自己的格局和境界，才会有更辽阔的心胸，更远大的抱负，不会为了眼前得失而抱怨，不会为了小事与他人纠缠，更不会内耗。

　　人生最大的对手是自己，战胜自己，才能成为自己命运的主人。一个人一旦内心觉醒，就会爆发无限的内驱力。大多数人不敢走自己的路，自己把自己的光吹灭。只有守住内心的微光，使它不被庸常的生活和自己的胆怯所磨灭，"虽千万人吾往矣"，才能迎接广阔且充满希望的人生。

　　一部人类文明史，就是一部人类不懈奋斗和创新的历史。一个国家、一个民族，如果停止了创新，就没有了活力，就失去了历史机遇，也就失去了未来。面对新时代新任务，我们必须以创新的姿态迎接未来的挑战，续写社会主义现代化建设新的历史篇章。当今世界，变革与创新的潮流滚滚向前。在面向未来发展的过程中，综合国力的竞争归根到底是创新力的竞争。任何一个国家和民族如果拒绝创新，都将在历史的竞争中被淘汰。

斯图尔特·布兰德在《全球目录》中说，"当新技术的压路机向你碾压过来的时候，如果你不能成为压路机的一部分，那么你就只能成为路的一部分。"

我们成长在一个充满激荡与变革的伟大时代，有着"平视世界"的自信与坚定。我们只有审视历史，思考当下，以创新的姿态迎接未来的挑战，才能许下"请党放心，强国有我"的青春誓言，担负起"国家大事，千万尽力"的责任。"恰同学少年，风华正茂；书生意气，挥斥方遒。"我们只有将个体成长融入时代发展的洪流，奔赴祖国最需要的地方，将论文写在大地上，将实验做到田野间，将所学用在一线上，在"最正确的地方打最深的井"，努力为加快发展新质生产力和实现我国高水平科技自立自强贡献自己的青春力量，才能担负起续写社会主义新篇章的历史使命，开创历史的新时代。

于千万年之中，时间的无涯荒野里，每个人都应"追光而遇，沐光而行"，努力成为平凡人类里真实而亮眼的一瞥光亮。

采访笔记

许凯胜，脸型方正，五官端庄，浓眉大眼，鼻梁高挺，气宇轩昂，有王者气度。镜片后的眼睛冷静、睿智，一闪一闪像钢针似的发出锋利的闪光。

他很有主见，机智、理性、自律，把每一件事都做到极致，大学4年活出了精彩人生。在许凯胜身上，努力是一种天赋，卓越是一种习惯。他对人生有着先知先觉的智慧，人生的每一步都走得认真踏实。他骨子里有着湖南人的吃苦耐劳、敢为人先、果决勇猛，无论做什么事都像打了鸡血一样战斗力爆棚，带着与生俱来的责任感和领导力，以天下兴亡为己任，锐意进取，锲而不舍，坚韧顽强，当仁不让。他有着领导者的沉稳、冷静、深邃的思考力、果断的决策力，以及高效的执行力和团队协作能力。这种英雄主义和与生俱来的历史责任感，一直是他的性格底色。"欲戴王冠，必承其重"，他似乎总要为历史和同辈人多留下一些什么，才能够放过自己。

大学是他的战场，来自五湖四海的大学生像一支支大军如潮水般涌来，全是未露锋芒、初出茅庐、纯洁无瑕的新锐，渴求一显身手，他们必须把那叫作青春的金属，锻造成一种武器，这种金属像钢铁一样坚硬、柔韧。他们必须把用他们的青春锻造出来的武器，放到实践的熊熊烈火中去淬火提炼，使之如钻石般坚硬，如钻石般闪光。他把学习、科创、学生工作当作一种种燃料，驱动他梦想的激情熊熊燃烧，让他这驾青铜战车飞速运转，直至腾飞。

他用历史思维对自我的发展进行充满张力的思辨，于内省中充分探求深化，辨别方向，厘清既往，进而循着历史的脉搏前行。

每个人的人生都是独特的河流，都有自己的源头、流程和奔赴大海的梦想。人生这条长河，只有不断向前流动，不断接纳新的水源，带走污浊与杂质，才能焕发出清澈的光彩。他不惧前方的岩石和险滩，勇往直前，不断磨砺意志，不断探索成长，不断自我更新，始终保持生命的活力。持续向前的人生，让他拥有更丰富的经历、更广阔的视野，从而拓宽了他的思维和眼界，提升了他的格局和胸襟。

人生这个舞台，谁也没有预先保留的席位。"大鹏一日同风起，扶摇直上九万里。"今日他在杭电成长，明日他将奔赴广袤的天地，留下闪光的足迹。

让花开出一树灿烂张扬
开出一生绚丽多彩

高匡庸
GAO KUANGYONG

做一棵绚烂一生的栾树吧

—— 高匡庸

人物名片

高匡庸，男，中共党员，浙江萧山人，圣光机学院2020级自动化专业毕业生。

本科期间担任自动化2班班长、本科生自动化党支部副书记；曾任杭州电子科技大学第四次党代会代表、圣光机学院党建中心主任、杭电国防协会会长、圣光机学院义警队队长、圣光机学院学生助理长。

本科在校期间，曾获校优秀共产党员、优秀毕业生、优秀学生干部、优秀军训教官、优秀会长、先进班集体班长等荣誉称号；院十佳大学生、优秀班干部、优秀党务工作者、优秀宣传工作者等荣誉称号。曾获校二等奖学金3次、三等奖学金3次、国防教育奉献奖。所在寝室连续5个学期获文明寝室荣誉称号，在毕业季获评温馨小屋荣誉称号。获聘院、校两级校友联络大使。

本科4年，勤工、义工时长共计660余小时，无偿献血累计 2300 毫升，曾为亚运会预录取志愿者。

任校国防协会会长期间，连续担任 2021、2022 级军训教官，先后任军训排长、军训营长，坚决带领国防协会全体成员完成校党委赋予军训教官的各项任务。在两次军训中先后获优秀军训教官、优秀教官标兵等荣誉称号，带训方阵荣获队列优胜奖，代表国防协会获得校军训师所授锦旗并受到学校嘉奖。组织开展国防协会能力多元化改革、荣誉体系扩展工作、国防知识竞赛、"国防杯"校园真人 CS 大赛（获 2023 年度校园十佳精品社团活动立项）等工作，受到校武装部多次嘉奖。

作为学院学生骨干，先后担任学院党支部书记、党建中心主任等职，组织开展廉政辩论会、廉政情景剧等党风廉政教育，参会、参演总计突破 200 人次，观看总计上千人次。自 2020 年 9 月加入学院党建中心以来，先后在院、校官网上发表各类党日主题活动及党课学习报道 20 余篇；组织开展圣光机学院"历史上的今天"党史学习教育，先后推送党史学习教育推文百余篇；积极参与学校、学院组织的各类思政比赛，荣获"红船杯"党团知识竞赛校第 4 名（代表圣光机学院第 1 次挺进校赛决赛）、"卡尔·马克思"杯院二等奖等。

作为班长，坚决落实班级建设党建先行、班团一体化快速发展要求。重视思政教育在班级建设中所起作用，带领班级赴浙江省革命烈士纪念馆开展红色教育。本科 4 年，所在班级中共党员人数位居全专业第 1，班级奖学金获得数量为全专业第 1，班级竞赛获奖数量为全专业第 1。截至 2024 年 7 月，2020级自动化 2 班已有 17 人于国内外顺利升学，其中，考研至清华大学 1 人、上海交通大学 1 人、浙江大学 1 人，985 高校升学率以及硕士升学率位居同专业各班之首。

目前已考研至杭州电子科技大学工业工程与管理专业。

又是一年开学季，熟悉的校园里熟悉的栾树开始被涂抹上秋的色彩，翠叶金英，红果如霞，风拂过，果实携花和叶轻舞在秋日的诗篇里，化成岁月诗行里平仄的韵律。

栾树树身高大、枝叶繁茂，是那种每个时期都让人惊艳的花树。春天，栾树枝条上长满红黄相间的嫩芽，嫩芽渐渐长成造型别致的叶子，一树葱茏在阳光下绿得发亮。夏天，栾树的枝叶愈加繁茂，一树的绿叶里蹿出几簇鲜艳的黄色，一穗穗细小的黄花簇拥枝头，花型精致，初开时淡黄，盛开时橙红，最后满树金艳，明晃晃极为耀眼。栾树花略带香味，花量非常大，落花飞舞，满地金黄，像是给大地铺上一层金色的地毯。秋天的栾树更是别有一番景致。3片叶子合抱的果荚先是绿色再是红色最后渐渐变成浅褐、深褐，似一串串小灯笼在风中摇曳。挂满果实的栾树像是开了一树繁花，在一大片浓绿的叶子间，是一抹抹浅黄，一片片橘红，一点点褐色，色彩斑斓，流光溢彩。

经历了春的勃发、夏的热烈，到了秋天，栾树多了些成熟的韵味。栾树的叶、花、果在同一根枝条上共享秋天，多姿多彩。不管是叶还是果，或是花、果、叶一起来看，栾树的色彩变幻都当得起"四色树"这个名字。栾树的花语是奇妙、震撼、绚烂一生。而回首我4年本科生活，也像栾树一样是一场多彩的梦。

"现在向我们走来的是圣光机联合学院第一方阵。他们昂首挺胸，目光坚毅，斗志昂扬，意气风发，整齐划一的队伍展现的是铁一般的纪律，虎虎生威的擒敌拳体现的是钢一般的意志。

他们铮铮誓言不负青春，壮志凌云，为民族复兴梦想砥砺前行。红日初升，其道大光，他们勇往直前，只争朝夕。星光不负赶路人，玉成栋梁会有时。向前冲吧，号角已经吹响；燃烧吧，终将光芒万丈。他们是光是电是爱，砥砺沧桑，日月华光……"

多少次午夜梦回，站在军训操场上，听到那一阵阵排山倒海般的脚步声、口号声，我心潮澎湃，热血沸腾。

我心里一直有一个绿色的梦。4年前，我没有考上心仪的军校，怀着科技报国梦，来到了杭电圣光机学院。一进校，我就迫不及待地加入了校国防协会。

别人的大学生涯里最多有1次军训，而我们国防协会是几乎天天在军训。

每一个晨曦微露的清晨，是我们铁血英雄梦的启航时刻。无论是烈日当空、骄阳似火，还是天寒地冻、风刀霜剑，我们步履铿锵，目光如炬，因为心中有信念，便无所畏惧。我们练完队列练拳术，练完拳术练枪术，练完枪术练体能，拉练从往返15千米到30千米到60千米。整齐划一的队伍、掷地有声的步伐、响彻云霄的口号，是我们叱咤风云的青春。我们披星戴月，风雨无阻，一身铮铮铁骨，一腔热血豪情。强国有我，筑梦同行，是我们永不言弃的决心。

古希腊哲学家柏拉图说过，这个世界最真实的存在是什么？是精神。大学4年，我在国防协会不断地磨砺、成长、进步，从协会组织部部长到协会主席，从军训班长、助理教官到排长直至营长，带领国防协会全体成员完成校党委赋予军训教官的各项任务。带训方阵荣获队列优胜奖，个人先后获优秀军训教官、优秀教官标兵等荣誉称号，国防协会获得校军训师所授锦旗并受到学校嘉奖。

不经历军训的人生是不完整的人生。我加入国防协会除了磨砺遵守纪律、忠诚等品质和一往无前、艰苦奋斗、永不服输等精神特质外，还体验了真人CS的紧张刺激、星空下的温柔浪漫和与团队同甘共苦的温暖情谊。

学校月雅湖边有片小树林，林木掩映，曲径通幽。丘不在高，有亭翼然。这里不仅是赏景静思良处，也是真人CS的极佳去处。吉利服、四倍镜、Barrett M82A1（反器材狙击步枪）和HK416(突击步枪)，全套真人CS装备穿戴整齐。一队队"士兵"在树林和掩体之间来回穿梭，防守、进攻、举枪射击，打响一场场激战，那种酣畅淋漓的身临其境感让人爱国心爆棚。

我们经常在周末前往钱塘江边拉练，在江边组织烧烤活动。一路行军，看夕阳渐渐西下，"落霞与孤鹜齐飞，秋水共长天一色"。虽然行路漫长，每个人还背着沉重的行囊，可欣赏着落日美景，吹着惬意的江风，在欢声笑语中一起烧烤、一起享用，那种快乐像一望无际的江水一样纯粹。

我们去九溪烟树徒步毅行也是一次很有趣的露营经历，往返有60千米。拉练不仅是对意志的考验，也是一次心灵的洗礼。我们沿着蜿蜒的小溪，在郁郁葱葱的树木间穿行，一路峰回路转，茶园飘香，泉水淙淙。星空下，大家一起围着篝火唱歌，露营地成为音乐的海洋，汗水和热泪为热爱而流，歌声和欢笑为青春燃烧，鲜花和掌声为每一个梦想喝彩。音乐是治愈一切的力量。每一首歌，都是年轻人用心诠释的故事；每一个音符，都能拨动人的心弦，抚慰人的心灵。一阵阵晚风带走的是学业上的压力、生活的烦恼和无法言说的心事。

我们会在目的地待上一天一夜，一起搭建帐篷，一起动手野炊，整夜轮流值守。我想以后不管过去多少年，不管身处何方，我都会记得那晚的月光。月光在树林间飘摇，月光在溪流上跳动，月光带来清风和花香，月光牵动着蛙叫和虫鸣，月光在我心头烙下轻松、愉悦和幸福的痕迹。

国防协会把同学们凝聚在一起，通过军训、拉练等活动，使同学们更加热爱祖国、珍惜生命；感受到自己被关注、欣赏、鼓励，以更加健康、积极的心态面对学习和生活。

国防协会不仅激励了我大学4年的斗志，还将影响我的一生。每一次组织活动，考验的不仅是规划统筹、组织协调、语言沟通能力，还有细致、周密的心思。

每次徒步拉练前，我负责规划路线。路况怎么样，有几个红绿灯，要花多长时间，我都要提前去踩点。露营地帐篷如何安扎，烧烤要带哪些器材和食材，大家如何分工协作，都需要考虑得面面俱到。

大三那年的秋季，我担任2022级新生军训营营长，负责把军训期间的任务层层分解，安排好排长干什么、班长干什么。把合适的人放到合适的位置上，这样才可以带动大家的积极性，提高训练效率。我还要和院、校领导等加强沟通，做到军训时间不能和院、校会议时间等冲突。

如果说国防意识是一种思维方式、价值观，甚至是一种审美取向，是年青一代对于自身存在意义的探索与接纳，以及对于自我内在力量的觉醒与发掘，那么，热爱我们敬爱的中国共产党就是一种深沉的感情和坚定的信仰。

2020年9月20日对我来讲是个重要的日子，在这一天，一个红色的梦想在我心里种下。我在这天宣誓："敬爱的党组织：今天，我怀着激动的心情向党组织提出申请——我志愿加入中国共产党，愿意为壮丽美好的共产主义事业奋斗终身……"

大学4年，我从来没有忘记自己的初心和使命。

开学不久，我加入了学院党建中心。如何通过国家重大主题教育厚植爱国主义情怀，增强向心力、凝聚力和归属感；如何做到价值观的有效传递，不流于形式，不流于口号；如何开展立意新颖、内涵丰富、形式多样、寓教于乐，"走心"又"走新"的廉政教育，使教育更有辨识度，更有互动性，更有感染力，更容易被年轻人接受，是我在党建中心4年的挑战。

大二那年的深秋，比学林街红枫更红火的是我们自编自导自演的廉政情景剧。《同学的正义》《同学的名义》《权力的游戏》《正义终将胜利》，一部部廉政情景剧在线上播放，剧情接地气、场景生活化、台词诙谐，相对于文字更具冲击力，相对于单方面的简单灌输更具互动性。自编自导自演，不仅是团队协作的成功实践，更能让同学们"沉浸式"接受廉政教育。相较于以往坐在会议室里听警示案例、学习规章制度，这种教育方式新颖、有趣、参与性和互动性更强，思想触动、行为引导的效果更好，因此吸引了200人次参演，上千人次观看。

大三那年的冬天，我们的红色主题"剧本杀"像冬天里的一把火，点燃了同学们的激情。冬夜的校园安静得能听到落叶在地上翻飞的声音，11 教 2 楼党员活动室内传来阵阵义正词严的灵魂拷问："我们的权利是广大人民群众给的，是应该为人民谋利益，还是搞特权？！"

红色"剧本杀"让同学们通过剧本创作、剧本阅读、讲述辩论、剧情演绎、思考博弈、发现真相等环节，代入角色，沉浸式体验，互动式交流，在逻辑推理的过程中提高廉政意识，积极阳光成长。

将廉洁教育与时下年轻人喜欢的"剧本杀"游戏相结合，能在提高学生的自主参与能力与创新能力的同时，让廉洁教育变得更加新潮、时尚、有活力。

当红色的梦想与春天相遇，诉说的是一个个难忘的故事。

2023 年清明节，天地英雄气，千秋尚凛然。我们前往萧山区河上镇凤凰坞村抗战纪念馆和空军抗战纪念馆，看到白墙青瓦的纪念馆在细雨中静静矗立着。历史无言，精神不朽。刻满英雄名字的纪念墙，是峥嵘岁月的无声诉说，更是抗战英雄的无上丰碑。圣光机学院党建中心的 25 名中共党员怀着崇高的敬意，向革命英雄献上鲜花。

"历史是最好的教科书，也是最好的清醒剂。"

回忆起革命英雄的峥嵘往事，眺望着民族复兴的壮阔未来，我们的耳边响起了习近平总书记在党的二十大报告中对青年的殷切寄语："当代中国青年生逢其时，施展才干的舞台无比广阔，实现梦想的前景无比光明。"广大青年要"立志做有理想、敢担当、能吃苦、肯奋斗的新时代好青年"。

又一年和煦的春日，西溪两岸树木葱茏，水草丰美，碧水澄澈，水中倒映着蓝天白云和婆娑的树影，点点碎金般的阳光在水面跳跃，一只只白鹭在水面上翻飞，到处绿意盎然，鸟语花香，每一寸空气都弥漫着生命的力量。我们圣光机学院党建中心在西溪国家湿地公园开展"寻根溯源铭初心，笃志前行担使命"主题教育党日活动。大家参观了"西溪廉韵"清廉文化教育专线，追忆了西溪先贤杭公的"铁头精神"，接受了"德仁义信"蒋氏家风的熏陶。

沿习近平总书记的足迹探寻西溪之春的活动，使同学们深刻领会了习近平生态文明思想和"两山论"，增强了"以清为美、以廉为荣"的意识，这不仅是一次对自然美景的探寻，更是一场心灵的洗礼和思想的升华。

大学4年是我一步一步向党组织靠拢的4年，从入党积极分子到建党对象，然后到中共预备党员，再到中共党员，最后到本科生自动化党支部副书记；从党建中心宣传部干事到党建中心主任。

以后，无论我身处何方，这个红色的梦将永远是我内心燃烧的火焰，照亮我的漫漫前路。

党啊　亲爱的党

举起右手

重温入党誓词

我会哟

我会继续紧握信仰

在您的旗帜之下

不忘初心

一如既往

党啊　亲爱的党

举起右手

重温入党誓词

我会哟

我会继续高擎云帆

在您的带领之下

向着理想

乘风破浪

"人必有一善，集百人之善，可以为贤人；人必有一见，集百人之见，可以决大计。"作为班长，我深谙团结就是力量。我知道如何吸引人、聚拢人、调动人的主观潜能与积极因素，使来自天南地北的不同性格、不同特长、不同偏好的人凝聚在一起；如何让同学们树立正确的世界观、人生观、价值观，坚定理想信念，弘扬革命精神，大胆实践，勇于创新，提高综合素质，多元发展，在班级集体中、大学生涯里找到属于自己的位置，获取持续进步的勇气，得到成长的幸福感和实现价值的获得感。作为班长，我自己必须成为一道光。

大学4年，我一直在努力实现这个金色的梦。上高中时，我明明很用功，可成绩就是上不去，应该是学习方法不得要领。进了杭电后，圣光机学院"中西合璧"、兼容并蓄、守正创新、包容开放的教育模式，考验了我的自学能力、自律精神，最大程度激发了我的自主性、积极性和创新性。

本科期间，我曾获校二等奖学金3次、校三等奖学金3次，参加了"红外技术"科创比赛,在《雷达学报》发表了学术论文。

我不断地学习、成长、进步。我渐渐发现,这束光不仅照亮了自己,也照亮了周围的人。班长带动班委,班委带动其他班级成员,能促进整个班级学风浓厚、和谐团结,更能促进整个学院乃至整个学校积极向上、欣欣向荣。

本科4年,我们2020级自动化2班中共党员人数位居全专业第1,奖学金获得数量为全专业第1,竞赛获奖数量为全专业第1,2022年获校先进班集体荣誉称号。截至2024年7月,已有17人于国内外顺利升学,其中,考研至清华大学1人、上海交通大学1人、浙江大学1人,985高校升学率以及硕士升学率位居同专业各班之首。

习近平总书记指出:"一个人可以有很多志向,但人生最重要的志向应该同祖国和人民联系在一起,这是人们各种具体志向的底盘,也是人生的脊梁。"

激扬的青春,在与时代同频共振中才能绽放光彩。大三那年暑假,我参加了第六届省大学生乡村振兴创意大赛。

烈日下,我们来到临平区崇贤村,映入眼帘的是一大片碧绿的荷塘。静静的水面上田田的荷叶翠绿欲滴,把水面遮得严严实实,粉红的荷花在夏日骄阳下亭亭玉立,竞相盛开,一下子就把炎热的暑气赶走了。沿着与运河相连的小河往村边走,便是广袤的田野。金黄的稻田里,是埋头躬耕的村民。一只只白鹭、三三两两的喜鹊和一群群麻雀不时在水边、田间飞过。几缕微风带着淡淡的泥土清新和稻花香气,向着阳光更盛处轻轻拂过。河边杨柳舞动,粉色的合欢、紫色的木槿开满了枝头。

村里不仅生产莲子、藕、大米等农产品，还有精品游步道、樱花大道、紫薇大道、水稻迷宫、荷塘、农田、村史馆可供参观游赏。如何规划设计一个研学基地，打造一个农文旅融合发展的乡村振兴样板，是我们此行的研究课题。

荸荠、莲藕、慈姑、茭白四大水生作物是崇贤村特色产业。我们以敦实的荸荠、娇羞的茭白、活泼的莲藕与可爱的慈姑为蓝本，创作出了可爱的四美钥匙扣。别具特色而又经济实惠的钥匙扣作为乡村文化宣传伴手礼，得到了村民和游客的肯定，极大地鼓舞了我们的士气。

为了不辜负村民们的期望，我们充分发挥每个团队成员的才能，夜以继日，不断突破创新。看到烈日之下的研学学子满头大汗的狼狈模样，我们贴心设计了鸭舌帽、水杯和扇子。蓝、绿、白、米四色的帽子可以满足多样的个性化需求，而且帽子上面的帽徽也是魔术贴材质的，可以随心切换。杯子是清新的国画风加上典雅的米白底，充满了浓浓的书卷气。折扇上印上了唐代诗人罗邺的名句："柳暗榆飞春日深，水边门巷独来寻。旧山共是经年别，新句相逢竟夕吟。枕近禁街闻晓鼓，月当高竹见栖禽。劳歌莫问秋风计，恐起江河垂钓心。"古风扇子给这个夏天带来的不仅仅是阵阵清凉，还有淡淡的书香。

忙完研学"三件套"，我们又投入了礼盒的设计工作中。礼盒的设计并不简单，又是选材又是建模，团队整整三天三夜在实验室不断打磨后，完整版的礼盒才终于出炉。为了丰富礼盒内容，我们设计了特色书签和文艺笔记本。为方便使用于各种场合，我们还特意为礼盒设计了两种颜色。

从"四美"钥匙扣到研学"三件套"再到崇贤文创礼盒，我们一步一个脚印地完成课题并达到了预期的效果。社会实践不仅提高了我们个人实践能力，还增强了团队协作能力；不仅提振了乡村产业，还让乡村变得更美，乡亲们更有获得感和幸福感。

时代赋予我们使命，知识给予我们力量，在未来的征程中，我们必将一如既往地把论文"写"在大地上，提高社会责任和担当意识，全力以赴、奋勇拼搏，用科技创新推进新质生产力，为建设美丽浙江、美丽中国增光添彩。

随着技术的不断进步，人工智能在医疗、金融、自动化等领域的应用越来越广泛。但人工智能不具备自我意识，它没有意图、动机、道德或情感，不会反思，它可能会被诱导、拟人化，会有因数据集偏差导致的偏见，所以以我们的价值观来塑造人工智能的未来仍任重道远。

在人工智能时代，人的情感、人与人之间的连接和共情，依然是人工智能不可取代之处。所以，科技工作者必须理解人类文化，有哲学、伦理、艺术素养，否则不仅缺乏创造力，更缺乏人文光芒。

我们圣光机学院鼓励每个学生去追逐多彩梦想，在不断丰富的生命体验中激发对自己、对世界的"问题意识"，努力成为一道光，为这个世界带来希望和美好。

"子曰，君子不器。"感谢大学4年的学生工作和社会实践经历提升了我的个人综合能力。我与院、校领导，以及辅导员、学生会干部、各年级同学、村民等有过无数沟通、交流，时不时碰撞出思想的火花，让我有了更广阔的视野和更包容的胸怀。我有机会组织、参与各种活动，"读万卷书，行万里路"，让我有了更强烈的担当和更坚毅的心性。

大学 4 年，我过得忙碌而充实，除了运动健身，很少花时间在刷抖音、打游戏上。正如学院胡海滨书记所说，有一两项运动爱好，表面上看是占用了学习时间，实际上对学习有加成作用，因为一个强健的体魄是学习的基础。此外，运动还能拓展思维能力、提高学习效率。

大学 4 年，我坚持长跑，跑步累计超过 4000 千米，相当于从杭电跑到了新疆乌鲁木齐。长跑是最接地气的运动，用脚步亲吻大地，用汗水辉映阳光，锻炼了我的心肺功能，培养了我的忍耐力和定力。

而我更喜欢骑自行车。头顶是高远的蓝天，脚下是广袤的土地，驰骋在天地之间，呼吸着自由的空气。双手把控方向盘，双脚蹬踏板，不借助任何外力。依据前后方的外部情境与路况，是朝前猛冲、减速缓行，还是急踩刹车，全凭自己的经验、直觉、判断力与喜好。人生如骑自行车，方向掌握在自己手中，用力蹬才能前进，一路上不管逆风还是顺风，全凭自己掌握，而且只能往前，不能倒退。此外，骑自行车的路上可见天地、见众人、见自我，使我得以用更开阔的眼界来看待世事、世人。

我还喜欢打羽毛球。打羽毛球需要耐力和力量，考验的是身体素质和心理素质。打羽毛球能让自己保持在最佳状态，让我更加阳光和自信。

大学 4 年，我累计无偿献血 2300 毫升。献血对我的意义不仅是献血本身，更是对我坚持锻炼、强身健体以及保家卫国的鞭策。

在闲暇时间，我喜欢阅读，涉及政治、经济、社会、人文、艺术、哲学、军事、天文地理等域领。上高中时，我最拿手的是地理，而最感兴趣的是历史。历史是取之不尽、用之不竭的思想宝库。学史能让思维变得系统而多元，养成多角度、"长镜头"看问题的思维方式，而不是简单机械的思维方式。学史让我养成不断自省的能力和冷静、理性、克制以及自我批判的精神。学史让我用辩证、发展、动态的眼光去看人，发现每个人的长处，最大程度地激发人的潜能，带领团队合作共赢。

我喜欢逛博物馆。四川博物院、重庆中国三峡博物馆、辽宁省博物馆、福建博物院、秦始皇兵马俑博物馆、湖北省博物馆和浙江省博物馆等，我都去打卡过。作为一个历史和兵器爱好者，我在湖北省博物馆见过越王勾践剑，在浙江省博物馆见过越王者旨於睗剑。越王者旨於睗剑的主人是勾践的儿子，而勾践的玄孙越王者旨不光生前使用过的3把青铜剑是绍兴博物馆的镇馆之宝。为此，我曾慕名去绍兴博物馆打卡。

逛博物馆让我感受到穿越时空的文化体验和情感共鸣，中华文化的独特气韵更是让我们年轻一代的文化自信血脉觉醒。历史洪流奔涌向前，置身踔厉奋发、笃行不怠的新时代，循着时代的脉搏与荣光再出发是我辈的初心和使命。

我站在熟悉的校园、熟悉的栾树下，而此刻，我已经是杭电工业工程与管理专业研一的学生了。

我抬头望着高大的栾树，看到它的花和果都如火如荼、浩浩荡荡生长在绿叶间，多彩的激情点燃了整个秋天。学栾树吧！努力扎根，向上生长，让树叶被阳光点亮，让花开在树冠最顶端，开出一树灿烂张扬，开出一生绚丽多彩。

采访笔记

采访高匡庸非常成功，不仅在于他的真诚友善、坦荡磊落，还在于他的善于沟通和交流。他说话语速极快，有着清晰的逻辑和条理，干净利落，没有一点多余和含混。他的个性直率明了，从不云遮雾罩。

他是萧山人，毕业于赫赫有名的萧山中学。骨子里有着"弄潮儿"聪明能干、勤劳务实、坚韧隐忍、诚实守信、勇于拼搏、敢为人先、开拓创新、奔竞不息的血脉基因。因为坚持运动健身，他浑身上下充满了力量感，眉眼间、举手投足间充满了阳刚之气。

他十分自律，敢想敢拼，做事有前瞻性、专注力，勇往直前。人如其名，在人生道路上，他不断匡正自我，砥砺前行。他做事高调、为人谦逊，集坚定与灵活、理性与感性、铁腕与柔性、干劲和韧性、刚强与温情、热情与务实于一身。他动如脱兔，静如处子，沉稳朴实，身上没有一点喧闹和华丽。热爱能抵岁月沧桑，心中有暖，便不惧长路漫漫。多彩的大学生活、丰富的实践经历让他不断拓展自我边界。强烈的理想主义色彩和与生俱来的使命感，使他不需扬鞭自奋蹄。他有着永动机一样永不疲倦的能量，这使他在每个领域都能崭露头角。出于一种使命感，他付出了全部的身心。如同铀原子在中子的轰击下，产生核能量一样，他身上小小的原子核，在使命感的驱使下，发出了巨大的能量。

因为正直无私、自律严谨、一身正气，他自带强大的气场，有着振臂一挥便应者云集的魅力，是个极富吸引力的领袖人物。作为班长，他常常通过观察、谈话，了解班上每个同学的学业基础、思维方式和个人兴趣特长，积极引导、鼓励每个同学找到着力点，追求卓越之旅，攀登人生巅峰。他以思想的力量、人格的魅力获得拥护，像一枚石子被扔进湖水中，在石子入水的中心漾开一圈一圈由里及外的波纹，波纹越扩越大，直至荡漾到整个湖面。他是一名精神的苦旅者，在一个以个性丰富、思想多元为特质的青年知识分子群体中，以军人般的坚定意志、学者的务实作风、科研者的创新精神、领袖的奉献精神，感召、凝聚了一个班乃至整个学院，引导大家自觉践行社会主义核心价值观，牢记"国之大者"，用中国梦激扬青春梦。自立自信自强的精神，追求卓越的心气，精耕细节的耐心，认真严谨的科学态度，使他不仅有接受知识的能力，更有输出能力，能发现问题、解决问题，并将学习成果与他人和世界连接起来。

选择圣光机，就选择了青春无悔。他坚毅的眼神，闪耀着灼灼的光芒；他铿锵的脚步，是"强国有我"的誓言。像蓝天一样清澈的是他对祖国的爱；像烈日一样火热的是他对党的赤诚。烈日行军，一身铮铮铁骨，气吞万里如虎；深夜拉练，笑看墨花月白，势如金戈铁马；乡村调研，常怀赤子之心，不坠青云之志。燃烧的青春伴着红旗，在风中飞扬；多彩的梦想迎着朝阳，闪耀出最美的光芒。

青春逢盛世，奋斗正当时。他秉持着"笃学力行、守正创新"的杭电精神，"厚德存圣、敏学含光"的学院精神，去追光逐梦，奔赴这场最盛大的青春之约。他终将用梦想、信念、力量，迎接新的挑战，谱写青春华章，再创新的荣光。

生活不只诗和远方
还有家乡的田野和稻谷飘香

易煊
YI XUAN

光是最美的滤镜

人物名片

易煊，籍贯湖南，杭州电子科技大学圣光机联合学院 2020 级计算机科学与技术专业毕业生。

本科期间，一直严于律己、潜心学习。在老师的殷切教诲和自身的不懈努力下，前 6 学期专业成绩排名 1/98，绩点 4.77/5。具备良好的英语读写能力，雅思 6.5 分、四级 576 分、六级 507 分。在校期间获浙江省政府奖学金 2 次、校优秀学生一等奖学金 6 次。

本科前 3 年的学习打下了良好的专业基础，在计算机专业基础类课程和学科必修类课程中均取得优异的成绩。在大三期间，自学了深度学习课程，并积极地将所学知识应用于实践项目中，不仅夯实了专业基础，还激发了对计算机科学的兴趣和热情。

本科学习之余，积极参加科研学习和各类相关学科竞赛，努力提高自己的科研能力和综合素质，积极撰写科研论文。

2022 年 10 月，加入计算机视觉研究课题组，参与基于机器视觉的建筑构件与施工进度智能识别研究。在研究过程中，主要负责测试各类目标检测算法和技术在该项目中的准确度，同时参与实验室双目视觉系统的开发和调试。

2022年，获得"认证杯"数学中国数学建模国际赛一等奖。2023年2月，作为队长参加美国大学生数学建模竞赛（MCM/ICM）并获得二等奖。在比赛和集训中，完成对全球光污染情况、野生动物贸易是否应该被长期禁止、全球各国碳减排情况等问题的研究。作为团队的建模手和编程手，负责根据实际问题制定数学模型，选择适当的数学工具和算法进行建模和编程，能够熟练运用多种数学建模方法，如时间序列预测、回归分析、目标规划。

2023年5月，在物联网技术课程的启发和指导老师的帮助下，设计了一种智慧社区控制系统及方法并申请发明专利（已受理），旨在解决社区各服务管理点业务调控不灵活导致社区管理能力不佳的技术问题，通过灵活调控社区服务管理点的业务能力，提高整个社区的管理能力。

课余时间，积极参加学生工作、社会实践以及志愿服务活动。曾担任圣光机学院学生会第三届执行主席、学习部部长和班级团支书，多次获院十佳大学生、校三好学生、校优秀学生干部和校优秀团干部等荣誉称号。在寒暑假期间，曾在杭州澜鹰科技有限公司实习，担任机器人竞赛教练。多次参加市民之家志愿服务活动和新冠疫苗接种服务活动。

目前已被保研至华南理工大学计算机科学与技术专业攻读研究生学位。

秋天是广州最美的季节。漫步在华南理工大学的校园里，看到秋叶繁花轻舞在唯美的诗篇里，我不禁怀念起杭电的秋天。

我曾流连在清晨的月雅湖畔，望着金色光影跳动在粼粼水波之上；我曾漫步在枫林大道，看到被朝霞晕染的枫叶，还有一张张青春的脸；我曾凝望着高大的栾树，看到明媚而张扬的光穿透色彩斑斓的树冠，流淌出浓浓的秋韵；我曾在萧瑟的风中，撷起一片金黄，轻抚秋叶阳光下的脉络，感受生命的韵律。多少次，我曾转动镜头，摁下快门，在四季更替中与时光漫谈，在湖光山色间听一曲如歌的行板，在光影交错中定格杭电的美。

我喜欢一切美的东西。很小的时候，我就发现了数学的美。

向日葵以它硕大的花盘和鲜明的黄色花瓣，成为夏日阳光下的盛宴，为大地抹上了一笔生动的色彩。光线穿透花瓣，暗红色的花蕊颗颗粒粒，犹如镶嵌在金色画布上的宝石。向日葵美就美在花序中央的管状花和种子从圆心向外，每一圈的数量按照规律排列，即后一个数字为前面两个数字之和。在惊艳于向日葵的美时，我认识了著名的数学表达式斐波那契数列。

凤凰卫视北京总部大楼的设计灵感来自有名的莫比乌斯环。在莫比乌斯环内，每一个钢结构构件弯曲的方向、弧度以及长度都是不一样的，而这所有的不一样，成就了这座雄伟的、独一无二的建筑。

印度泰姬陵的对称之美让我惊叹。不仅主体建筑对称，就连水池边的瓷砖花纹、树木都对称。不仅左右对称，在水的倒映下，还上下对称。这种对称的构成表达出秩序、安静、庄重的美感。

达·芬奇的世界名画《蒙娜丽莎》的美神秘迷人。蒙娜丽莎的脸型接近于黄金矩形，头宽和肩宽的比例接近于黄金比例。断臂的维纳斯雕像也运用了多个黄金比例。斐波纳契数列衍生了黄金分割定律，黄金比例以其独特的和谐美感一次次让我感到震撼。

生活中的数字美学无处不在。我对数学产生了很大的兴趣，所以从小学直至大学，我的数学成绩一直不错。高中上技术课时，我又发现了信息技术中建模和编程的美。我开始学习一门新的语言——一种简称为 C 的编程语言。C 语言不仅以一种前所未有的方式赋予我力量，它的清晰度和精确度都堪称完美。

在许多人看来，建模和编程以复杂、抽象的方式进行计算，是一项纯粹的技术活动。然而，在我看来，建模和编程不仅仅是代码的堆砌，更是一种艺术创作。

编程语言的美学价值，不仅在于代码本身的优雅，更在于通过代码传达的思想和创意。建模和编程之美，如同一种深邃的艺术与哲学。每次编写代码，都让我想到艺术家在创作艺术品时的情景。他们通过画笔、颜料等媒介，将自己的情感和思想融入作品中，让观众在欣赏时感受到美。建模和编程之美，正是程序员们在数字世界里创造的艺术品，让人们在使用软件时感受到便捷和愉悦。每一行代码，都如同一块砖瓦，搭建起我们的思维之塔。我们像建筑师一样，精心设计每一块砖瓦的位置和形状，构建出坚固而美丽的建筑。在这个过程中，我们不仅要考虑建筑的实用性，还要考虑其美观性。每一行代码都蕴含着美学的价值和技术的智慧。这就是建模和编程的艺术，它要求我们既要理性，又要感性；既要逻辑清晰，又要富有创意。建模和编程之美，还在于它的简洁性。优秀的代码，往往简洁而有力。雷军曾说，写代码像写诗一样优雅，一行行代码像一首优美的诗歌，用最少的词汇，表达出最深刻的情感。这种简洁性，不仅让我们的代码易于理解和维护，也让我们的思维更加清晰和高效。简洁、清晰的代码不仅让人赏心悦目，还能让团队协作更加顺畅。用简洁的语法和清晰的逻辑，展示建模和编程的结构之美和逻辑之美是一种多么美妙的体验。

建模和编程之美，是一种融合了艺术、哲学、科学等多元素的美，是一种需要我们去发现、欣赏、创造的美。因为迷上了建模和编程，我如愿以偿进了杭电圣光机学院的计算机专业。这个专业是杭州电子科技大学和俄罗斯圣光机大学强强联合、共同建设的，而且专业课全部由俄方外教英语授课，在"家门口"就能享受国际化教育。

鲁迅先生说过：想有乔木，想看好花，一定要有好土；没有土，便没有花木了；所以土实在较花木还重要。在圣光机的4年里，我深深感触到成长的土壤有多么重要。圣光机多元的文化环境、自由的学术空气、浓厚的科研氛围、包容的成长机制为我们提供了更广阔的视野和更丰富的学习体验，激发了我们的学习热情和创新活力。

开学不久，我加入了圣光机学生会学习部。学习部，顾名思义旨在努力营造更好的学习氛围，提高同学们的学习热情。

四六级模拟考试、专业课考前培训等活动都与学习息息相关，也深受学子们欢迎。但我想我们每个学生都有美的一面，发现美，展现美，感受美，欣赏美，创造美，各美其美，美人之美，最后达到美美与共，激励每个学生变得更美，是一件多么有意义的事。

我们组织了"笔落惊风雨，笔记伴我行"十佳笔记优秀作品展示。十佳笔记不仅带给大家视觉享受，更是雕刻着学子们的努力的印记，一笔一画都记录着成长，每一页都凝结着智慧和心血！非常荣幸的是，我的"离散数学"笔记也在展示作品中。对于笔记，我想告诉大家的是，只要你追求美感，就一定会用心记笔记；只要你用心对待记笔记这件事，就一定会用心对待学习这件事；只要你用心对待学习这件事，学习成绩就一定不会差。

每个人都渴望在舞台上熠熠生辉，我们组织的"月牙弯"朗诵比赛更是展示圣光机学子才情的舞台。当华丽的大幕拉开，参赛者们依次登台，那些铭刻于历史扉页中的慷慨激昂的红色史诗，昔日救国于狂澜之际的慷慨激昂，依然让新时代的年轻人热血澎湃；那些经典传统文化的美韵，面对宇宙万物自然哲理的思考，还有那些星海征途当中的点点滴滴，或意境深远或深刻理性或柔情似水。朗诵、小品、戏曲、舞台剧等，展现了当代大学生的光彩。

为提高比赛的观赏性，我们增添了诗情画意的艺术氛围，弱化了比赛的概念，强化了晚会的概念，不仅提高了吸引力和影响力，也让选手和观众更有互动感、获得感。月牙儿，弯又弯,诗心入梦作长帆。"月牙弯"朗诵比赛不仅是一场文学盛宴,也是年轻人勇敢迈出交际步伐的锻炼机会,更是一个比拼创意的活动平台。比赛不仅展现了圣光机校园文化生活的多姿多彩,更展示了大学生的爱国主义精神和热情、自信的风貌,以及对艺术和生活的热爱。

一年一度的"月牙弯"朗诵比赛在杭电最美的秋天举行。秋天的月亮,给每一个梦想涂上了银色的光辉。她只是温柔地注视,却因为它的美,赋予我们"人间值得"的力量。当我们抬头望向深邃夜空中那轮皎洁的月亮时,心中涌起的,是关于美好的向往,是对于过往的追思,是心中最柔软的感恩,是没有隔阂,也没有杂念的欢喜和爱。爱这样的夜晚,爱这样的月光,爱这样的每一个日日夜夜。心里有爱,眼里有光,目光所及皆是美好,是我们走向未知将来的底气和勇敢。

《战国策》有言:"一人之辩,重于九鼎之宝;三寸之舌,强于百万之师。"美国前总统尼克松也说过:"如果让我重进大学,我将修好两门课:演讲和说服。"由此可见,演讲是多么重要。作为大学生,演讲不仅可以锻炼我们深度思考的能力和逻辑思维,培养勇气和自信,提升语言表达能力,还可以传递正能量与时代精神。

2021年10月,我们学习部组织举办了第一届"大演说家"活动。

"恰同学少年,风华正茂"。一个个意气风发的青年,能言善辩,妙语如珠,以热情自信诠释言者风度;一篇篇大气磅礴的书稿,以青春之名,为梦想发声,抒理想之志。这是一场语言的盛宴，更是思想力量的传递。无论是文字的思想力量、声音的抑扬顿挫，还是形态、表情、姿势，都充满了青春的美感，以强烈的吸引力、感染力和号召力，赢得了广大青年的共鸣。

每年金风送爽时，空气中四处弥漫着桂花香，甜蜜的气息抵达人心，"大演说家"带着所有的美好，奔赴而来。如果说桂花香气沁人心脾，让人感受到大自然的美妙与和谐，"大演说家"则仿佛一面鼓舞人心的旗帜，让人激情满怀；如果说桂花香气如清风明月抚慰人的心灵，"大演说家"则如同春日暖阳，让人感受到蓬勃的朝气；如果说桂花香气如同一首田园牧歌让人心旷神怡，"大演说家"则是豪放派的词作，意境雄浑，发人深省。每年"大演说家"和桂花都有个约定，它们浩浩荡荡地交融在一起，花香和书香落在光阴里，历久弥香。

组织活动既能培育美的素养、涵养美的品味、滋养美的心灵，也是对我个人综合能力的锻炼和提升。每次组织活动都让我深刻体会到学生会工作的责任和压力。一场大型活动的举办，存在诸多的问题和困难。其实幕后比台前更辛苦，要考虑的更多，比如因为大家想法太多、太杂，活动定不了主题；比如我们经验不足，整个过程只能在摸索中进行；再比如场地变动问题、比赛时间临时改动问题，还有年级之间、师生之间、学校之间、台前幕后的沟通交流问题。我白天要上课，晚上才有时间处理事情，每天都是最晚一个回到寝室，在梦里都在对活动流程进行设想。虽然遇到了很多困难，让我十分疲惫，但我从没想过放弃，因为我坚信办法总比困难多。团队间亲密无间的合作与相互之间的体谅，老师们的支持与同学们的努力，令比赛得以顺利进行，我从中体会到了团队合作的强大力量。这种团队合作的过程不仅让我学会了如何与他人合作，更让我学会了如何倾听、理解和尊重他人的意见和想法。在筹备活动的过程中，我每天都在期待那天的到来。每次看到活动成功举办，每一个学子绽放着属于自己的光彩，一路上的辛苦都化作了快乐。

鲁迅先生说过，有一分热，发一分光，就令萤火一般，也可以在黑暗里发一点光，不必等候炬火。作为班级团支部书记，做社会主义核心价值观的坚定信仰者、积极传播者、模范践行者，向英雄学习、向前辈学习、向榜样学习，努力成为一名追"光"圣斗士，是我大学4年不懈追求的目标。

团日活动是实现情感共鸣和价值传递的宝贵时机。要让人感受到真实、温暖与美好，才能触动人的心灵。

满城的桂花香告诉我们，秋天已经渐入佳境。周末，我和同学去良渚古城遗址公园游玩，远处起伏的黛山，近处的枫树、银杏树、柿子树、乌桕树，围绕在田边的波斯菊、马鞭草、狼尾草、芦苇荻花，都是如此抢镜，而主角是铺展开的一片金黄色的海洋。大片大片的稻田成熟了，一片片金色的稻浪在微风下流淌。光线洒在稻穗尖，营造出一片梦幻的金色，宛若一幅浪漫的油画。

喜看稻菽千重浪，田畴沃野丰收忙。看到一幅幅丰收的景象，我的心中萌生了举办以"制止餐饮浪费，培养节约习惯"为主题的班级团日活动的想法。

制作海报时，我们以色彩斑斓的稻田为背景，附文"生活不只诗和远方，还有家乡的田野和稻谷飘香"，一下子吸引了同学们的眼球，拉开了这次富有意义的团日活动的序幕。"国以民为本，民以食为天……""谁知盘中餐，粒粒皆辛苦。""光盘是对他人劳动的尊重，是对社会资源的节约，更是个人文明素养的体现。""节约粮食，从我做起，从现在做起。""光盘行动，拒绝舌尖上的浪费。"一句句平实的话语，如同一股清泉，穿透喧嚣，直抵人心。

我们团支部成员在食堂、宿舍楼分发和张贴宣传海报；进行光盘打卡，每天在朋友圈发布光盘行为的照片；通过调查问卷进行数据分析整理，对发现的问题提出意见和建议。我在班上进行活动宣讲，组织全班同学线上观看"节约粮食，光盘行动"相关视频、以 vlog（视频博客）记录和分享本次活动。为期14天的主题团日活动，从班级推广到整个年级，直至整个学院，积极引导学生拒绝浪费食物，成为光盘行动的践行者，倡导科学合理饮食、绿色低碳出行，让文明健康的生活理念深入人心。

我和江逸宁、王书恒、钟煜城、张益凡报名参加了学校"守好红色根脉 讲好革命故事"短视频大赛。既要有美丽的自然风光，又要有感人的红色故事，我们找来找去，找到了台州市黄岩区平田乡桐树坑村。

镜头徐徐拉开：连绵起伏的群山云雾缭绕，蜿蜒曲折的山路伸向远方，鸟儿在苍翠的林木间欢唱，潺潺的溪涧倒映着蓝天白云，阳光轻抚婆娑的枝叶，闪烁跳跃着斑斓的光影。这是一个地处黄岩、乐清边界，海拔400多米的高山村落，炊烟袅袅，鸡鸣狗吠，村民们的生活恬淡而平静。

镜头拉到 80 年前：共产党员们在简陋矮小、逼仄又四处透风的茅棚里，围着一盏煤油灯连夜召开会议，彻夜通明的灯火冲破了笼罩在桐树坑上空的重重夜幕，照亮了每个与会者的心，指明了党的正确工作方针，象征着革命烽火越烧越旺，并呈燎原之势。

一阵阵激烈的枪声打响，国民党反动派把桐树坑中共党支部视为眼中钉、肉中刺，必欲拔之而后快，先后 5 次派重兵"围剿"，但均以失败而告终。桐树坑中共党支部的战斗力没有受到丝毫影响，反而在战斗中不断成熟、壮大。

镜头拉回到村口的一堵石墙，上面镌刻着几个红色醒目的标语——"革命老区 (1938—1949) 桐树坑中共村欢迎您"，墙上画着镰刀和红星。桐树坑中共村坚持 11 年革命红旗不倒，桐树坑中共党支部就像一块磐石，牢牢扎根在高山顶上，被称为"高山上坚强的战斗堡垒"。

镜头最后是中共台属特委机关旧址纪念亭思源亭和初心桥。思源亭的 2 根柱子上题着一副对联："桐坑星火不屈斗争红片，括雁风云光荣传统耀千秋。"在艰苦革命岁月里凝结的桐树坑革命精神，是老区人民留给我们的宝贵精神财富，必将永载史册、流芳千古。初心桥下溪水清澈见底，水中溪鱼追逐嬉戏，时刻提醒着青年一代如今和平岁月来之不易，要"不忘初心、牢记使命"。

《桐树坑的枪声》短视频的拍摄，让我们行走山间，每一步都如同踏进唯美画卷，这不仅是视觉的享受，更是心灵的洗礼；让我们体验了老一辈中共党员异常艰苦的生活和工作条件，感受了革命乐观主义精神的豪迈气魄，深刻理解了坚定的信仰是内心之光；让我们每个学子用心聆听了革命先辈用生命谱写的爱国主义与革命英雄主义的壮丽凯歌，激励我们赓续红色血脉，磨砺奋斗青春。

2022年五四青年节前夕，中共中央总书记、国家主席、中央军委主席习近平于4月25日上午走进人大校园，与大学生朋友们面对面交谈，对我们青年学生寄予厚望。希望同学们能牢记党的教诲，坚定中国特色社会主义道路自信、理论自信、制度自信、文化自信。不负韶华，不负时代，不负人民，争做堪当民族复兴重任的时代新人，在实现中华民族伟大复兴的时代洪流中砥砺奋发、勇毅前进。

在这激动人心的时刻，多少海内外学子坐在电视机前观看本次讲话，内心像我一样热血澎湃。我在笔记本上一笔一画写下："少年强则国强，少年智则国智"，科技兴则民族兴，科技强则国家强。我们青年一代是祖国的未来、民族的希望。我们应自觉把个人的命运同祖国和民族的命运紧紧联系在一起，增强学习的使命感、责任感和紧迫感，练就过硬本领、锤炼品德修为，在青春奋斗中成长为德智体美全面发展的社会主义事业的合格建设者和可靠接班人。一代人有一代人的使命，一代人有一代人的担当。作为新时代的青年大学生，我们身兼重任，当承五四精神、传爱国热血，笃定信仰、锐意进取、攻坚克难、勇攀科技高峰，将青春梦融入中国梦，实现个人价值，展现人生风采！

大学4年，我积极参加学生工作、社会实践以及志愿服务活动。从班级团支书、学习部部长一直到圣光机学院学生会第三届执行主席，从一名共青团员逐渐成长为一名光荣的共产党员。我积极参加科研学习和各类相关学科竞赛，积极撰写科研论文和申请发明专利。

我确实非常忙，但学生工作和各种科研竞赛、实践活动并没有影响学习，反而促进了学习。各种挑战和磨砺培养和锻炼了我的综合能力，让我成为更好的自己。

在寒暑假期间，我曾在杭州澜鹰科技有限公司实习，担任机器人竞赛教练。我带小朋友们感受每一种编程语言的美感。Python 简洁优雅，Java 严谨规范，C＋＋则功能强大。选择合适的编程语言进行创作，不仅能实现功能，还能体现出独特的美感。

我带小朋友们一起感受建模和编程蕴含的美学哲理。

建模和编程之美，在于它的探索性。建模和编程的世界充满了未知和挑战。我们需要不断地学习思考和探索，解决各种复杂的问题。在解决问题的过程中，我们需要不断尝试新的方法和技巧，发现新的规律和模式。这种探索的过程充满了乐趣和惊喜，让我们不断感受到建模和编程的魅力。这种探索性，让我们始终保持对建模和编程的热情和兴趣，也让我们不断地挑战自己的能力。

建模和编程之美，在于它的创造性。我们可以通过建模和编程创造出各种各样的产品，展示自己的创意和才华。这种创造性的过程让我们感受到无限的自由和可能性，让我们能够将自己的想象力和创造力发挥到极致。建模和编程需要我们具备逻辑清晰、思维敏捷、善于创新等能力，这些能力不仅在计算机领域有用，在其他领域也同样重要。通过对建模和编程的学习和实践，我们可以不断提升自己的思维能力和创造力，为未来的发展打下坚实的基础。

建模和编程之美，还在于它的协作性。建模和编程这一过程是团队合作的过程，我们需要学会欣赏他人的优点，包容他人的缺点，通过协作，共同解决问题，共同创造出更美好的作品。

乔布斯说过，苹果与其他计算机公司最大的区别在于追求科技的同时，始终保持对于艺术和美的追求。计算机这个专业要求我们不仅要有深厚的编程技能，还要有敏锐的洞察力、丰富的想象力和坚定的信念，更需要团队合作能力。

在这个科技日新月异的时代，建模和编程的成就感源于其实用性和社会价值。通过数字化技术，我们可以为社会创造出更多的价值，解决更多的问题。

大二暑假期间，我在社区做志愿者。那时正值疫情防控期间，社区工作压力非常大。一个社区要管好几个小区，没有智能联网，信息不畅通，什么事情都靠人工做，人员严重短缺，社区工作者大热天穿着厚厚的防护服，东奔西跑，非常辛苦。

当时我就开始思考，能不能依托大数据、人工智能、云计算等数字技术，设计一种"一屏览全区、一网治全域"的智慧社区，打造健康、教育、管理等智能应用场景，减少人力消耗，提高整个社区的管理能力，提升居民的获得感和幸福感。

2023 年 5 月，在物联网技术课程的启发和指导老师的帮助下，我设计了一种智慧社区控制系统及方法并申请了发明专利。

当我看到自己运用物联网、人工智能等技术创作的智慧社区正成为连接科学与生活的桥梁，被广泛应用和认可时，那种成就感和自豪感是无法言喻的。

数字化技术不仅可以帮助我们解决现实世界中的问题，还可以让我们更好地理解世界和自己。只要我们用心去体会，用心去实践，我们就能在日新月异的科技世界中绽放属于自己的那份美丽。

生活本是无边的旷野，而非画满条条框框的封闭轨道。一程有一程的风景，一岁有一岁的味道，在人生的漫漫旅程中，无需过分追求结果和在意得失，而是要享受过程，感受当下的美好和幸福。我们只有停下脚步，留出空白，随心赏朵花，听花开的声音，感受阳光的温暖，让心灵在宁静中舒展，感受生命的丰盈、生活的美好，才能积蓄足够的力量奔赴明天。

课余时间，我爱好摄影，喜欢欣赏美丽的景色，喜欢欣赏生活中的艺术元素，也喜欢欣赏他人的摄影作品。我喜欢通过镜头表达自己的情感和审美观念，通过照片和视频记录生活。

我还喜欢看演唱会，经常和志同道合的朋友共同分享音乐带来的快乐。我们喜欢现场热烈的气氛，喜欢光影艺术带来的震撼的视觉盛宴，享受现场音乐带来的震撼和互动体验，尽情展示自己的热情和活力，释放内心的压力。

追光而遇，沐光而行，希望自己始终怀揣着对未来的憧憬和对生活的热爱，不断前行，不断追寻自己的梦想。无论四季更迭、光阴流转，心向阳光，生命都会绽放出最为耀眼的光彩。

采访笔记

易煊，祖籍湖南，是从小在杭州长大、上学的 IT 二代。"惟楚有材，于斯为盛。"骨子里湖南人聪颖上进的血脉基因加上杭州这个城市的文化熏陶，使她既理性又感性，既大气又婉约，既浪漫又务实，既精致又朴素，既上进又松弛，集颜值与才华于一身。她被浓浓的爱包围着长大，有着强大的内心和底气，阳光、自信、智慧，有获得快乐和幸福的能力。她的微笑如春风轻拂湖面，泛起阵阵涟漪，那看似柔软的姿态里，却蕴含着无尽的力量；她的声音如同山涧清泉潺潺流淌，透着清澈和甘冽；她长发飘飘，如同展翅的飞鸟，在广阔的天空中自由翱翔。

她不功利不刻意，不焦虑不内耗，保持松弛，学会留白，不慌不忙，平心静气，沉稳笃定，自行其乐，凡事都能够找到自己的节奏，按照自己的目标去做，一心一意提升自己，从容前行，在"心流"状态中，表现出卓越的创造力。

她对美有着敏锐的感知，能够捕捉到生活中的美好瞬间，细致入微的观察力是她的天赋，专注和勤奋是她的习惯。她热爱生活、真实、热情、活泼开朗、善于与人沟通交流。每一次说走就走的旅行，都显示出她的坚韧和独立。

大学4年，她在追光追美的途中，不断自我发现和成长。在一所美不胜收又充满创新活力的学校里，美的感动渗透到学习、学生工作和生活的方方面面，构筑起她多元、丰盈、积极的精神世界。4年本科学习不仅为她提供了扎实的理论基础，还让她在不断实践中锻炼了自己的动手能力、创新思维和团队合作精神。她始终保持着对知识的渴望和对未知的好奇，热衷于探索新技术、新领域，不断拓宽自己的视野和知识面。在美的世界里，她启智润心，向美而行，积极探索，躬行实践，多维发展，锐意进取。

科技与艺术，一个是理性的极致，一个是感性的巅峰，在她身上交融出冰与火之歌。她像一幅留白的山水画，充满了美的意境；像一曲优美的钢琴曲，温柔了岁月，惊艳了时光；像一片绿油油的叶子，在阳光下绽放出属于自己的璀璨光芒。

也许大海给贝壳下的定义是珍珠，也许时间给煤炭下的定义是钻石，而我想圣光机给易煊下的定义是beauty（美）。

愿你出走半生
归来仍是少年

岑滨斌
CEN BINBIN

寻找斐波那契脸谱

——岑滨斌

人物名片

岑滨斌，宁波慈溪人，毕业于杭州电子科技大学圣光机联合学院自动化专业，目前是新加坡南洋理工大学计算机控制和自动化专业研究生。

荣获 2022—2023 学年浙江省政府奖学金；2022—2023 学年第二学期、2021—2022 学年第一学期校级一等奖学金，2021—2022 学年第二学期、2022—2023 学年第一学期校级二等奖学金。获 2021—2022 学年、2022—2023 学年优秀学生干部荣誉称号。

曾担任圣光机学院科技创新协会主席，负责统筹管理协会的活动部、项目部、竞赛部，带领院科协不断创新发展。组织学院"青芽计划"、云上科技节等；组织中国移动（浙江）创新研究院举办"九天杯"摆摊活动；协助校科协举办最强大脑活动，营造良好的学院科研氛围。带领社团从无星级社团发展到三星级社团。

荣获第七届中国国际"互联网＋"大学生创新创业大赛国家级铜奖，2022 年 CAMCM 数学建模国际赛一等奖，2023 年美国大学生数学竞赛竞赛一等奖，2023 年全国大学生电工数学建模竞赛二等奖，第十四届全国大学生数学竞赛浙江省二等奖，2022 年杭州电子科技大学"九天杯"人工智能命题打榜赛三等奖。

发表论文"An efficient classification model based on Extra-Trees Algorithm"（《基于极端随机树算法的高效分类模型》）。拥有实用新型专利一作 1 项。拥有计算机软件著作一作 1 项。

擅长使用 C、C＋＋、Python、Matlab 等语言，熟悉 Word、Excel、PowerPoint 等办公软件，获得全国计算机等级考试二级证书，获得大学英语四、六级证书，雅思成绩 6.5 分，全国普通话二级乙等，具备良好的综合工作能力。

积极参加社会实践活动，在 2020 年第一届亚洲记忆运动会中获优秀志愿者荣誉称号。

"《最强大脑》前3个环节胜出的20位选手将角逐校十佳'最强大脑'称号。现在进入比赛的最后一个环节，寻找斐波那契脸谱，此题考察选手的观察能力和记忆力。每位选手面前放置了一棵两面印有类似京剧脸谱的、呈展开状态的斐波那契螺旋树。选手们需要观察每片叶子上的脸谱碎片信息，并在现场海量相似脸谱中找出斐波那契螺旋树上对应的两个京剧脸谱，用时短者获胜。"

主持人宣布完比赛规则，选手们神态各异。有的转动着自己桌上的螺旋树，凝神思索；有的在草稿纸上计算着什么；有的盯着大屏幕上的一张张京剧脸谱若有所思；有的小声议论着："斐波那契螺旋树是什么意思？"

我的心里却一阵惊喜。我知道斐波那契螺旋树来自斐波那契螺旋线，也被称为"黄金螺旋"，它是一些切开的叶片经过大约68度的旋转而形成的树状图。斐波那契数列在生活中很常见，向日葵的花盘、菠萝的鳞片、松果上的松子……我突然想起，我刚刚还捡了一颗松果呢。我下意识地掏口袋，可松果怎么也找不到了。我一急就醒了过来。醒过来才惊觉，我已经在新加坡南洋理工大学了。

一个寻常的秋日午后，阳光透过杭电生活区小树林斑驳的树叶，地上跳动着一片片金色的光斑，我踩着满地斑斓的落叶，捡起一个松果，凝视着它每一片时光的鳞片，探寻着珍藏其中的岁月故事。而这一幕已经成为回忆里的画卷了。

回首在杭电圣光机学院的 4 年，有太多美好的回忆，如阳光下的贝壳，折射着岁月的光辉；如清风明月拂过心底，泛起微澜；如繁星点点，装饰着我每晚的梦。

2020 年，我通过"三位一体"招生模式进了杭电这所电子信息强校的圣光机联合学院。圣光机学院由杭州电子科技大学和俄罗斯圣光机大学联合办学，开设了计算机和自动化两个专业，专业优势明显，视野更加开阔。

一进校，我就感受到了圣光机学院丰富多彩的校园文化。

我加入了学院足球队，与蓝天白云久别重逢，尽情呼吸自由的空气，用速度和激情亲吻脚下的土地。

每一场硝烟四起的比赛都是勇气与智慧并存，是力量与技巧的较量，是实力与意志的厮杀。每一次奔跑与拼抢，热血与汗水齐飞；每一次带球与射门，激情共荣耀一色。场上飞驰跳跃的身影如万马奔腾，场下欢呼呐喊的声音如鼓乐齐鸣，那燃烧的气氛、奔涌的激情、沸腾的热血奏响了一曲曲青春之歌。

经过一轮轮激烈的比赛，我们圣光机学院拿了新生杯足球团体第 1 名。拿到奖杯的那一刻，我不仅圆了多年的足球梦，还得到了人格的成长。

我不是个特别外向、活泼、善于交际的人，但加入学院足球队后，我一下子结交了不少球友，扩大了朋友圈。

球赛培养了我的团队合作能力、责任感和担当精神。

足球是一项团队运动，每个人的位置不一样，有前锋，有后卫，有门将，球队的成绩不仅取决于个人的努力，更取决于团队配合的默契度。大家只有通力合作，扮演好自己的角色，尽全力做好分内的事情，一起努力，才能取得胜利。对团队的赛前部署，临时变阵，临时换位，甚至临时换人，都需要配合团队的要求，才能有条不紊地执行到位。

团队中每个人都清楚自己的职责，如果失误犯错，也不会逃避，而是主动承认，光明磊落，坦坦荡荡。

球赛培养了我缜密的思维习惯。

作为进攻球员，我需要努力寻找转瞬即逝的传球、射门时机；作为防守球员，我需要在瞬间找到对方暴露的不足，迅速解围。在球场上，我每时每刻都要观察对方的空档，计算体力的分配，思考对方现在的位置和可能的位置，考虑进攻或防守的策略。

球赛还培养了我坚韧的品质和强大的内心。

踢球有输有赢，只有胜不骄，败不馁，保持平和的心态，才能保持最好的状态。足球不像其他运动，非常难得分，一场比赛常常都没有一个进球。在比赛焦灼时，考验的就是双方的战术、耐心和意志力。就算处于落后的局面，也要沉得住气，不乱了方寸，不到最后一刻绝不放弃，因为永远有扭转乾坤的希望！踢球让我懂得人生的追求不止于夺冠，最有魅力的瞬间也不只是"夺金一刻"，更在于每一次的全力以赴。

阳光追逐着绿茵场上的我们，绿茵场上的我们追逐着青春的梦，那一幕幕将成为记忆中的永恒。

新生焊接大赛让我第一次享受到了DIY的快乐，第一次对自己的自动化专业产生了浓厚的兴趣。中学时，我只见过电路板，没有亲自动手设计过。第一次手持焊枪，将晶体管、二极管、电阻等焊接在电路板上，努力将每一个焊点都焊得饱满圆润，将手中的电焊板焊得精致而美观，这是多么令人激动的体验。在 LED 灯亮起的那一刻，我的内心充满了自豪和喜悦。

《最强大脑》比赛的场景更是一次次出现在我的梦里。扑克牌翻面、金字塔积木、镜像华容道、斐波那契螺旋树脸谱……一路过五关斩六将，"眼观六路，耳听八方""事态高能，大脑过载"，需要比拼的不仅是临场反应能力、逻辑思维能力、空间想象能力、记忆能力、知识储备，更是面对对手和自我的过程中是否具有沉着冷静的心态、非凡的勇气和坚忍的意志。我戴上"最强大脑"王冠的那一刻，赢得的是面对未知将来的自信和底气，更是"欲戴王冠，必承其重"的领悟。我离学院的育人目标——学富五车、知识渊博、综合德智体美、学贯古今中西，还很遥远，唯有努力奋斗，才能让梦想照进现实。

开学不久，我加入了圣光机学院的科协。在陈志龙学长的引领下，我一路从干事到技术部部长，再到科协主席，见证着科协的成长和自我的成长。一本本聘书，意味着一个个新的身份，是肯定，是鼓励，更是责任和鞭策。

我们学院主打科技路线。让大家感觉到科创并不是神秘莫测、遥不可及或与己无关；让科创变得有温度、吸引力，让科创的氛围越来越浓；让科创变得更加贴近大家的生活，更加融入大家的生活，像空气一样无处不在；让大家在科创的路上不再犹豫、不再退缩，多一份认知，少一份迷茫，多走捷径，少走弯路，是我在科协 4 年一直努力追求的目标。

在杭电，学科竞赛是巅峰高手对决的舞台，是创新火花激情燃烧的比拼场，是每一位勇者的追梦征途，但是大多数刚进校园的新生对数学建模、ACM（由美国计算机协会主办的国际大学生程序设计竞赛）、"互联网＋"大学生创新创业大赛、全国大学生智能汽车大赛和"挑战杯"中国大学生创业计划竞赛等不甚了解。

于是，我们学院科协专门推出圣光机"青芽计划"，提供了一个竞赛交流平台。科协分期介绍了各种竞赛信息，包括赛制、评审等要点及参与方法，邀请优秀学长、学姐进行经验分享和排忧解惑。科协通过"青芽计划"帮助同学们化解迷茫，提高认知，逐渐明确自己未来发展的方向；鼓励同学们积极投身各类学科竞赛，一展身手。

为开阔同学们的科研视野，激发同学们的科研兴趣，科协还推出了云上科技节活动。

我们曾邀请计算机学院章复嘉老师携 T&M 棘桑工程社团，自动化学院尹克老师携春田实验室、追光工作室，以及计算机学院高飞老师等大咖学者为我院广大学生带来一场场干货满满、精彩纷呈的讲座，带领同学们在线上进入一个丰富多彩的科研世界。

一场场前沿知识讲座、一个个实验室的经验分享、一个个科创项目的展示，不仅让同学们了解了人工智能的发展前景，感受了当代科技与传统文化结合的魅力，让同学们对计算机底层系统、各种算法技术在 3D 视觉和智能画像等中的运用产生了浓厚的兴趣，还为同学们提供了一系列可借鉴的竞赛经验指导。一个个学习交流平台，让同学们在计算机视觉应用方面打开了全新的科研视角，拓宽了科研视野，产生了全新的科研启发。

"Будущее"未来科技节更是圣光机学院积极开展学生第二课堂的品牌特色活动，是学院推行本科生创新科研计划的重要载体，在引领校园文化、弘扬科学精神、增强创新意识、强化技能培养、提高学生综合素质等方面发挥着非常重要的作用。

科技节期间，学院曾邀请澳大利亚麦考瑞大学人工智能中心研究主管吴佳副教授、利兹三一大学计算机学院卢欣副教授、西安交通大学网络空间安全学院栾浩教授等学术精英带来一场场别开生面的科技前沿讲座，在师生中引起了极大的反响。那个如星辰般闪耀的科技世界，是心灵的灯塔，是每个学子追逐的方向。

在学院开放空间打造的本科生科技创新成果交流展示平台，吸引了一批批同学前来参观交流。一场场科技沙龙，跨领域、跨专业开展学科交流互动，碰撞出创新思维的火花，点亮了学子们心中的梦想之光。

结合俄方课程内容的未来物体设计大赛，将科技创意与专业课程相融合，共吸引全校6个学院30余支队伍参赛，蚁群市智能运载车、水上漂浮房屋、未来农业机器人等设计作品一一亮相，为全校广大师生科技梦想注入创意活力。

如果说"Будущее"未来科技节充满了国际范，"九天杯"人工智能命题打榜赛则是一场接地气的社会实践。

两年前一个晴朗的初冬下午，教室外天空湛蓝如洗，一棵棵高大的树木恣意朝天空伸展着枝条，冬青、香樟、白玉兰舒展着翠绿的叶子，每一片叶子都是那么笃定和从容；栾树褐色的蒴果似一簇簇花朵，一半开在树上，一半落在风里，诉不尽对岁月的爱恋；香枫树上叶子有红色、黄色、黄褐色、红黄相间色，一地金黄的银杏叶子携风与大地一起深情共舞，流淌成斑斓的画卷。阳光如诗，每一缕温煦都承载着期待与希望，铺展成最美的梦。

教室内，第一届杭电"九天杯"人工智能命题打榜赛决赛评审会正在线上进行。这是我校与中国移动（浙江）创新研究院合作举办，我们圣光机学院承办的比赛。来自计算机、自动化、通信工程、卓越、圣光机等学院近 600 人报名参赛，参赛队伍在中国移动九天毕昇人工智能平台进行数据处理、模型搭建与训练、结果输出，其中 22 支队伍提交了参赛作品，通过多轮打榜最终有 15 支队伍进入本次决赛评审会。潘一壬、陶冉、陈志龙和我组成的黑猫警长队也进入了决赛。

在线上汇报展示参赛作品环节，我们一点也不怯场，但到了下一轮辩论环节，看到评审会专家团阵容，就不由得紧张起来。中国移动方专家刘童桐、陈远峥、罗琼，杭州电子科技大学方专家圣光机学院副院长樊谨、通信工程学院副院长应娜、计算机学院副教授龚晓君，一个个如雷贯耳。

评审专家团不仅有很高的专业造诣，更有温度、情怀，他们对每个作品都进行了详细的点评和指导，指明了各团队未来进步的方向，鼓励我们积极响应国家科教兴国战略、人才强国战略、创新驱动发展战略，不断提升技术创新与实践能力，拓展科研视野和知识面，在未来的科研竞赛中创造更优异的成绩。

"九天杯"人工智能命题打榜赛以人工智能全产业链应用需求为导向,利用中国移动九天毕昇人工智能平台上丰富的网智精品资源和企业真实案例,打造人工智能核心知识课程体系,为我们参赛学生搭建了一个培养工程创新能力的实践平台,点燃了学生的科创激情,激发了算力网络应用创新活力,推动了人才培养与人工智能产业的双向赋能。

虽然大学4年我一直活跃在各种比赛中,荣幸地获学院十佳"科创之星"荣誉称号,在科协忙并快乐着,看上去大学生活丰富多彩,然而,像所有初来乍到的大一新生一样,我也经历过一段时间的迷茫期。大一时,我的绩点偏低,主要是当时内心很迷茫——我的专业是自动化,可我最喜欢的却是编程,不知道自己未来该朝哪个方向发展。

一进校,我就感受到了大学和中学的不一样。

在中学阶段,有学校、老师、家长推动着我们往前走,月考、期中考、期末考,学考、首考、高考,目标唯一,直奔主题,然后就结束了。进入大学后,选什么课,加入什么社团,要不要竞选学生干部,要不要打竞赛,和哪些同学一起组队打竞赛,要不要跟老师做课题,做哪方面课题,等等,都取决于自己的想法。大学毕业是考公、考研,还是出国留学,也都取决于自己的想法。对于刚进入大学校园的我而言,似乎什么都很新鲜,对什么都感兴趣,什么都想去试一试,但自己究竟适合做什么,以后究竟要怎么发展,自己要成为一个什么样的人,都难以抉择。想要在纷繁复杂的信息中找到自己真正想要的,是非常难的。

直到大一下学期，我加入了实验室，对本科期间的规划才渐渐清晰起来。

当时我们圣光机学院新成立了智能机器人与自主系统实训基地和物联网与大数据智能分析实训基地两个本科生实践基地。

张波涛老师既是我们班主任，也是智能机器人与自主系统实训基地负责人。我清楚地记得在实验室面试时，张老师对我说过的话。

张老师说："数学建模是一种数学的思考方法，是对现实的现象通过心智活动构造出能抓住其重要且有用的特征的表示，常常是形象化的或符号的表示。你从小学奥数，初中时拿过NOIP竞赛（全国青少年信息学奥林匹克联赛）普及组二等奖，高中时拿过提高组一等奖，基础非常好！"

原来张老师仔细看过我的报名表，一种被关注、重视、认可的温暖和喜悦顷刻间包围了我。

"兴趣是学习的基础，是求知的动力，是成功的秘诀。兴趣是一切探索的起点，而决定与信心使得这种探索得以长久持续。你应该把你的优势放到打数学建模比赛和做实验室项目上。大学是人生独立的起点，与高中时期的学习和生活模式有很大差异。在大学中，更重要的是个人的独立和自律，没有人会每天催促你完成作业任务，需要树立起'当好自己的第一责任人'的意识，完成一个思想上的转变，规划好自己的学习、竞赛和实验项目。学习不是为了考试，也不是为了和任何人展开竞争，而是为了解决问题。用自己的知识和能力解决一个个问题，让这个世界变得更美好，是很有成就感、获得感、幸福感的，相信你一定能在科创的海洋里乘风破浪！"

张老师的话似一束光穿透云层，洒落一地温暖和希望，点亮了我心中激情的火焰。

我开始专注学业，努力提高绩点，课余开始学习计算机视觉相关知识。我相信，知识不应仅仅停留在书本上，更应该在实践中得到检验和升华。在实验室，我和许凯胜同学合作开发了"智能千里眼"项目。

我们采用图像处理技术与人工智能技术来升级传统的监控系统，旨在减少盯防监控的人力成本，降低安保人员的工作强度，提高监控系统的智能性、实时性、易用性。我们研发的产品将降低客户的用人成本，有效地提高对违法和违规行为的防控能力。

我们的"智能千里眼"项目在 2021 年 10 月的第七届中国国际"互联网＋"大学生创新创业大赛总决赛中获得了铜奖。这是我与科研的第一次亲密接触，不仅锻炼和提升了我的自学能力和团队协作能力，更是提升了我的信心，进一步激发了我的科创积极性。

我们圣光机学院开设的专业融合了中俄双方优势，知识体系更加完善。所以，我想趁学科竞赛的机会去检验一下自己的知识掌握情况。而且，我们的外教更加注重实践，一直引导我们做实验、项目、任务，每次都需要小组合作，非常注重团队合作能力的培养，这也为我们组队参加建模竞赛打下了基础。

我一次次在校数学竞赛、物理竞赛中获奖，和陶冉、潘一壬组队参加 2023 年第十五届全国大学生电工数学建模竞赛并荣获二等奖，组队参加 2023 年美国大学生数学建模大赛并荣获一等奖。

我一直有出国留学的想法，但英语并不是我的强项，所以一直下不了决心。而圣光机学院专业课全部由俄方外教英语授课，基础性课程如高数、线代、离散数学、概率论由杭电本校老师英文授课，教材、课件和期末试卷都是全英文的。"家门口"的国际化教育、沉浸式英语学习让我的英语水平有了质的飞跃，大三时我顺利通过了雅思考试。

我在雅思备考过程中，产生了将深度学习用于英语单词检索技术上的灵感，撰写了论文"An efficient classification model based on Extra-Trees Algorithm"。用这个算法训练出的模型方差小、泛化能力强，用于英语单词检索更简单高效。

除了学习和科技竞赛，我还积极参加各种知识竞赛，让我这颗小小的种子吸收更多的阳光雨露，变得越来越健康饱满。

两年前的校心理知识竞赛，也让我记忆犹新。我们 50 位选手面对一轮轮单选题、多选题、判断题、填空题和场景题的轮番轰炸，个个沉着冷静、对答如流，显然都经过了认真充足的准备。

参加竞赛不是目的，督促自己学习并学以致用才是终极目的。掌握心理知识，不仅能更好地认识自我，理解别人，让自己越来越积极阳光，更能在探索人工智能的道路上走得更远。

人工智能系统需要理解和模拟人类的认知、情感和行为。在机器学习、自然语言处理和情感计算、人机交互等方面以及软件开发的需求分析、设计、实现、测试和维护阶段，都需要运用心理学原理，以提高系统的智能性和易用性，为用户带来更好的体验和更高的价值。

人工智能中神经网络、决策树等算法和模型都是基于人类的认知过程设计的，掌握心理学知识为我开发"智能千里眼"项目，撰写《基于极端随机树算法的高效分类模型》等论文都提供了很多启示。

我相信能力的提高来自每件小事，所有的经历都有意义。

我和陶冉、谢蔓菲、胡日千、邱钰童等曾自编自演《权力的游戏》参加圣光机学院第二届"莲枫杯"廉政主题情景剧大赛。

在老师的指导下，从前期剧本的讨论、商定、改编，到中后期的演员分配、组织排练、统筹指导，赛前准备工作稳步推进。同学们前期精心打磨剧本，对原剧本进行生活化改编，后期将更多的精力放在表演上，反复钻研台词和动作，尽最大努力展现人物细微的心理活动。在剧中，我和胡日千饰演一对正义的兄弟，党正和连清。最终，我们的演出非常成功，获得了评委和观众的一致好评。

在这次情景剧大赛中斩获二等奖，对我们来说，是惊喜，是鼓励，更是成长。我在演出实践中不仅收获了满满的经验，更塑造了自己的价值观，正如我的台词："正义的天平虽然会偶尔失衡，可终究会回归平衡。非法利益就像一盘散沙，不用风吹，自己就散了。任由贪婪的恶魔腐蚀自己的双手，人生终将坠入深渊。"

大学 4 年，我做过好几次志愿者，而第 1 次做志愿者的经历成为回忆里那抹馨香，经久不散。

2020 年 11 月，2020 年"信雅达杯"第一届"智圣"智力运动会、2020 年"迅通杯"第一届亚洲记忆运动会总决赛在杭州天元大厦举行。比赛历时 3 天，数百名记忆高手们脑力全开，在人名头像、二进制数字、马拉松数字、抽象图形、快速数字、虚拟事件和时间、马拉松扑克牌、随机词语、听记数字、快速扑克牌等 10 个高强度项目中进行激烈比拼。比赛分为儿童组、少年组、成人组和老年组，而我作为一名儿童组志愿者，负责管理纪律和秩序。

根据比赛安排，未上场的选手们需要在一个大教室内等候，这对于儿童组的志愿者是个很大的考验。那些低龄儿童根本坐不住，有的在教室跑来跑去，你追我赶，有摔倒撞伤的风险；有的吵着要回家找妈妈，哇哇大哭起来。我们几个志愿者多次好言相劝，但收效甚微，教室内一度场面受控，秩序混乱。我突然想起我的编程特长：何不趁大家等待煎熬时，给大家讲讲编程知识？

我用随身带的笔记本电脑通过投影仪在屏幕上教大家如何使用 Python 语言的 turtle 库来绘制玫瑰花，小朋友们都被吸引住了，吵吵闹闹的教室一下子安静下来。在做志愿者的两天内，一朵朵形态各异的玫瑰花带小朋友们进入了一个缤纷多彩的编程世界。

此次实践经历让我获得了"优秀志愿者"荣誉称号。更让我惊喜的是，我还收到了多名家长的感谢信，感谢我为孩子们开启了一扇通往魅力编程的大门，激发了他们对编程的浓厚兴趣，点亮了他们内心对科技的热爱与梦想。

课余时，我喜欢踢足球，也喜欢骑自行车。骑行在下沙大学城"最美枫香大道"最出片的时候，看银杏渐黄，枫叶渐红，层林尽染，叠翠流金，阳光透过枝叶的缝隙，洒下一片片斑驳的光影，如梦如幻；骑行在钱塘江畔，看惊艳一个世纪的晚霞，夕阳的余晖落下，染红一大片云彩，而波光粼粼的水面，一半映得绯红，一半绿得发亮，几只白鹭时而直冲云霄，时而掠过水面，江风徐徐，如诗如画。一路骑行，彻底从紧张的脑力劳动中解放出来，完全沉浸在美景中，将紧张、压力、烦恼都抛在脑后，整个人像要飞起来似的轻松快乐。

大学4年正如寻找斐波那契螺旋树脸谱的过程，我终于找到了自己的两张脸谱，一张是科研，而另一张是坚定不移跟党走。

2022年10月16上午10时整，中国共产党第二十次全国代表大会在人民大会堂开幕，习近平总书记在大会上作重要报告。学院团委领导和我们部分学生代表在11教111会议室集中观看党的二十大开幕会。在那激动人心的时刻，我的内心坚定了听党话、跟党走，争当有志有为青年的决心。作为一名新时代大学生，不能辜负祖国对我们的期望，要不忘初心，继续奋斗，为实现中华民族伟大复兴贡献自己的力量。

当今世界，人工智能成为科技革命和产业变革的重要驱动力量，正引领着智能机器达到人类思考和行动的高度，不仅深刻地影响着社会结构、经济模式和生活方式，更推动着人类文明的进程。

人工智能时代，是历史给予我们这一代的机遇，是我们这一代驰骋的战场。发展人工智能正如寻找斐波那契脸谱的过程，在云端机器智能这张大网中，用数十亿心智拼出一个超级心智。人生也似寻找斐波那契脸谱的过程，在错综复杂的信息中找到自己真正想要的脸谱。每一次选择，都意味着无限的未知。谁都曾彷徨、犹豫和迷茫，只有怀揣着勇敢、责任心和信心，沉着冷静地去判断、决策和手解决问题，才能迎来胜利。

"人生的道路虽然漫长，但紧要处常常只有几步，特别是当人年轻的时候。"作为一个年轻人，真正幸运的是清楚地认知到自己来到这个世界的使命。热爱能抵岁月漫长，有了目标之后，努力才不盲目。真正的勇敢，并非骁勇善战，而是无论何时何地都不忘初心，坚守信仰。没有目标，所有的风都是逆风；没有目标，时间将会在浑浑噩噩中虚度。不管前方的路多么崎岖不平，我们走得多么辛苦，只要方向正确，一定会离成功越来越近。

面对科技日新月异的世界，我们唯有跨学科学习和终身学习，提高自己的综合素质和社会责任感，提高自己的竞争力，提升科学研究和技术创新能力，才能更好地应对未来的挑战和机遇，推动人类文明的发展和进步，实现自我价值和得到成长。

人生没有运气，只有坚持的勇气；没有奇迹，只有努力的轨迹。每一份成功都是努力的累计，我始终相信自己，转角总会遇到惊喜。

"追风赶月莫停留，平芜尽处是春山。"我相信在未来的日子里，我会继续前行在自我探索的道路上，不断追寻那个更加真实、更加完整的自己。相信自己会在科创的道路上，不畏艰险，不惧挫折，勇往直前，越走越远，创造出更多的美好。

饮水思源，结草衔环。感谢圣光机这棵斐波那契螺旋树最大限度地给予每片叶子光，让我们每片叶子都闪闪发光；最大限度地包裹每颗种子，让我们每颗种子都茁壮成长。感谢圣光机4年的美好回忆，让我往后余生的浪漫四季，都凝结成温暖的春天。

采访笔记

岑斌滨，浙江宁波慈溪人，毕业于慈溪中学。眉目清秀，似一幅意境深远的江南水墨画，透着纯净与灵动；性格温和，似清风明月，透着悠然与从容；气质儒雅，似一首宁静深沉的诗，自带高雅与浪漫。人如其名，文质彬彬，文武双全，多才多艺。

他斯文纯净的外表下，骨子里有一股慈溪人聪明能干、吃苦耐劳、不服输的拼劲和勇气。他喜欢思考，头脑灵活，思维缜密，记忆力出色，擅长观察，耐心细致，又沉着冷静，有亲和力，善于合作，对数学和计算机有着天然的着迷，在知识的海洋中，如同渴求甘霖的旅人，不断地寻找着滋养心灵的甘泉。每一次学习、每一次竞赛，都是心灵深处的一次震撼和触动，让他的世界变得更为广阔，让他的思想变得更为深邃。他在求知的路上，不断前行，不断探索，不断超越，以一颗永不满足的心，追寻那无尽的智慧和光芒。

校园里每个角落都散发着自然与知识的芬芳，而他的每一步足迹都似飞鸿踏雪，运动场上活力四射，那是青春该有的样子；学科竞赛中游刃有余，那是梦想的力量；社团活动丰富多彩，那是梦想的颜色；科研路上一骑绝尘，那是他理解世界的方式。

大学4年的经历似星辰般璀璨，是一场带着赤诚之心的寻梦之旅，仿若寻找斐波那契脸谱；是一个关于自我发现、自我成长和自我实现的深刻思考。

愿你求知的脚步不因环境的改变而停歇，愿你科研的梦想不因岁月的流逝而褪色，灵魂深处永远保持一份对知识的敬畏和热爱。愿你出走半生，归来仍是少年！

后来，那些受伤的地方一定
会变成我们最强壮的地方

黄凡丁
HUANG FANDING

他在仰望星空

——黄凡丁

人物名片

黄凡丁，杭州电子科技大学圣光机学院2020级自动化专业毕业生。

在校期间，担任圣光机党建中心活动部副部长、班级心理委员。本科期间，前7学期专业成绩位列年级前15%，绩点4.07/5。获国家励志奖学金1次、校优秀学生一等奖学金3次。

作为第一作者在CCF-B类会议发表论文1篇。获全国大学生数学建模竞赛浙江省一等奖、美国大学生数学建模竞赛一等奖2次、全国大学生数学竞赛（非数学A类）一等奖、浙江省大学生高等数学竞赛一等奖。

已考取清华大学数据科学与信息技术专业硕士研究生。

我站在机场的玻璃墙前，望见夜色还未完全褪去，灰蒙蒙的天幕上有一个淡淡的月亮和几颗朦胧的星星，夜色和灯光在停机坪上的飞机上交织出梦幻般的色彩。时间仿佛是静止的，一切都在静静地等待中。

"女士们、先生们，请注意！您乘坐的 CA737 前往华沙的航班现在开始登记，请携带好您的行李，准备好您的登机牌，从 80 号登机口登记，祝您旅途愉快，谢谢！"

我排着蜿蜒的队伍走向登机口，透过机场的玻璃窗，看见天边一道曙光穿透了厚厚的云层，蓝紫色的天空泛起了淡淡的黄色，黄色渐渐亮了起来，变成了橙黄色，橙黄色渐渐弥漫开来，外面的世界渐渐清晰了起来。

几个月前，在课题组以及导师的帮助下，我以第一作者的身份完成并投稿了一篇学术论文——关于计算机视觉迁移学习用于自动驾驶感知系统，以帮助模型适应新的数据分布，提高泛化能力，更好地适应特定目标的识别和定位。

该论文成功被第 26 届欧洲人工智能会议（26th European Conference of Artificial Intelligence，简称 ECAI-2023）录用。我这次前往波兰克拉科夫参加欧洲人工智能会议是为了汇报我在论文中的研究成果，并与其他学者进行学术交流。

我的论文被会议全文接收，而且为我赢得了演讲的机会，这意味着荣誉和责任。对于杭州电子科技大学圣光机学院的一个普通本科生来说，参加这样的 CCF-B 类推荐会议无疑是一个难得的机会。

然而，当我收到 ECAI-2023 会议于 2023 年 9 月 29 日至 2023 年 10 月 7 日在波兰克拉科夫召开并邀请我参加的通知时，我内心曾矛盾挣扎了一番。

我知道会议沉甸甸的分量。欧洲人工智能会议是欧洲乃至世界范围内人工智能领域的非常重要的学术会议之一。会议覆盖的学术领域包括机器学习、自然语言处理、医疗生物成像、多智能体、规划与决策、强化学习、数据挖掘与数据科学、分类和回归、计算机视觉以及人工智能在社会中的应用等等，它为全球人工智能领域的专家学者提供了一个深度交流的平台，为我们学生打开了一扇探索人工智能的窗户。

而这段时间正是我考研的冲刺阶段，我制订了详细周密的考研计划，任务分解到每一天，有时被意外事件占用一个小时，我都会心疼不已，现在要花 9 天时间出行将彻底打乱我的复习计划。而且去一趟克拉科夫要从杭州坐高铁到北京，从北京直飞华沙，再从华沙坐火车到克拉科夫，辗转多个地方，一路得辛苦奔波。

可我花了这么多心血在论文上，对计算机视角、机器学习是如此疯狂地痴迷与热爱。我的文章能够在高水平的学术会议中中稿是对我的努力最好的回馈。出席会议不仅是对我的科研能力的认可，也是一次向国际专家学者展示我的研究成果的机会，同时给了我近距离向学术大咖学习，和专家学者们交流互动并碰撞出学术火花的机会。

所以，我决定克服一切困难，冲破一切障碍，暂时放下考研复习，飞越欧洲，开启逐梦之旅。

我准备登机了，身边的乘客摩肩接踵，登机廊桥在脚下嘎吱作响，飞机发动机发出巨大的轰鸣声。我迈出最后几步，大步跨入机舱内部。

前一天傍晚一下课我就骑行到地铁站，坐地铁到高铁站，晚上 11 点半坐高铁到北京，再坐地铁赶上了凌晨 4 点多直飞华沙的航班。我一夜未眠，却没有感觉到一丝疲惫，而是一遍又一遍紧张地演练着自己的演讲稿。虽然只有短短的 1 分钟，但对我来讲却是大学生涯中最重要的一次演讲。我在学校全力投入考研，在从杭州到北京的高铁上还在刷考研的数学题，现在 9000 米高空安静飞行的 9 个半小时是我唯一可以用来准备演讲稿的时间。

到华沙肖邦机场后，我乘坐火车前往克拉科夫。午后阳光明媚，从列车车窗向外望去，窗外的乡村层林尽染，绿色、黄色、橙色和红色飞掠而过，如同一幅幅生动的油画。这时正是波兰最美的季节，秋色正浓，气温宜人，树叶斑斓，叠翠流金。美景当前，我却无心欣赏，一颗心已经飞到了会场上。我一遍遍想象着自己演讲的样子，暗下决心，只许成功，不能失败。

进入会场，登记信息，领取证件，接受安检。此前的行程好像一阵旋风，匆忙预订机票、酒店，一路狂奔着赶地铁、赶高铁、赶飞机，过度活跃的思绪造成的神经紧张似乎终于得以缓解，现在只需等待大会开始。我在主会场找了个座位坐了下来，从学校出发到现在，感觉第一次完全呼出了一口气。

我置身于一个挤满数百名陌生人的活动大厅里，不得不独自应对一切。第一次用英语演讲，紧张感开始涌上心头。主会场座无虚席，摄像机正在录像，麦克风已经打开。

一个个专家学者上台演讲，他们发表的是顶级论文，每个人有 15 分钟。

轮到我上场了，我步履轻快，昂首挺胸，眼神坚定。我花了 3 年时间在论文上，有时满怀希望，有时难免焦虑，但总是带着虔诚和热爱，现在这一刻终于来了，我的心里既兴奋，又充满了感激。

我们圣光机学院将语言应用嵌入专业学习的全过程，提供丰富多彩的语言培训课程和跨文化交流实践机会，"家门口"的国际化教育、沉浸式英语学习培养起来的国际化意识和跨文化交流能力，也是我此次克拉科夫之行的底气。而学院为我们本科生提供竞赛导师等，引导鼓励我们参与科研项目、实践活动和学术交流活动，拓宽了我们的学术视野，培养了我们的学术热情，增加了我们的科研信心。

在 1 分钟演讲时间内，我简单介绍了论文的主要思想、模型构建、模型创新点和优势、理论分析以及实验结果。我看到会场内不少人在点头，有的还在笔记本上记着什么，我的心里掠过一丝宽慰。

会议安排得很周到，除了有演讲环节，还有海报展示环节。我精心制作了海报，并站在自己的海报展架旁边，对论文成果进行了现场宣传。我向每一位对我的研究方向感兴趣的学者详细介绍我的论文内容，并解答他们的疑问。

"你来自哪里？什么背景？"一个印度学者似乎对我的论文

颇感兴趣。

"我来自中国！"我一脸骄傲地回答，一种民族自豪感油然而生，用力挺直了脊梁，"我是杭州电子科技大学圣光机学院的大四学生，我们圣光机学院是和俄罗斯圣光机大学合作办学的，我学的是自动化专业。"

"我知道杭州电子科技大学——中国'四邮四电'之一，实力很强。俄罗斯圣光机大学是俄罗斯最好的 IT 大学。有自动化基础，学习计算机更有方向感。"印度学者的鼓励让我倍感鼓舞。

又过来一个波兰 AGH 科技大学的学生，他认真研读完我的论文后，和我握了握手："计算机视觉迁移学习技术的崛起为人工智能应用提供了新的可能性，为智能化未来描绘了更为广阔的视野。任何一项科研成果都不是在各自领域的象牙塔中孤立完成的，而是在科学的整体共享空间中实现的。作为科研人员，我们应该毫不犹豫地在全球范围内开展跨学科合作。让我们携手迎接这个充满活力和机遇的时代！"他主动和我加了QQ，方便以后相互交流合作。

之后，又有几个学者过来，提出了许多宝贵的意见和建议，对我未来的研究方向和发展提供了指导，我们互留了联系方式。

会议期间，我也参观了解了其他学者的研究课题，和他们进行了互动交流，进一步加深了我对人工智能领域的理解。我还聆听了人工智能领域专家带来的一场场学术讲座，他们对人工智能未来发展趋势的独特见解让我对人工智能领域的前沿动态有了更加清晰的认识，对未来的研究充满了信心和憧憬。

从会议场馆出来，我终于能仔细看看克拉科夫这座历史悠久的城市。

这里曾是 14 至 17 世纪初的波兰首都,是波兰王国最辉煌时代的中心。漫步老城,中央集市广场、诗人亚当·密茨凯维奇纪念雕像、古老的钟楼与一座座巍峨的褚红色教堂等建筑,装点在城市的不同角落,弥漫着浓郁的欧洲风情。一大片被树林包围的公园、克拉科夫瓦维尔城堡、维斯瓦河畔的景色,让人感觉进入了童话世界。穿城而过的电车,发出一阵"轰隆隆"的响声;装饰精美的马车,摇晃在鹅卵石铺就的路面上,让人恍若回到了中世纪。

而夜幕下的克拉科夫老城,在现代灯光点缀下,更加优雅美丽、韵味十足。弗洛里安大街、弗洛瑞安城门、巴尔巴坎城堡,弥漫着文艺的浪漫气息。烤肉、酸菜、饺子、烟熏奶酪、啤酒和葡萄酒,充满了人间烟火气。

我登上瓦维尔山,望着寥廓而深邃的夜空,不禁陷入了沉思。

生物视觉的出现导致远古海洋波涛下的寒武纪大爆发,距今已经 5 亿年。而如今,机器视觉的兴起将引发一轮数字进化新浪潮。

从一个个科学理论的探索到一次次技术创新的突破,科技世界的微光点点,正如夜空中无数璀璨的星星,点亮了人类科技发展的道路,驱动人类社会不断向前发展。

星空浩瀚无比,探索永无止境。在这个点点微光凝聚成漫天璀璨星河的时代,我们只有心怀信念,不断探索,汲取科技的智慧之光,才能创造出属于人类的灿烂的未来。

当前，全球人工智能技术快速更迭，以 ChatGPT 为代表的生成式人工智能技术不断催生新场景、新业态、新模式和新市场。在赋能人类社会经济进步的同时，人工智能"狂飙突进"式的发展也给全球带来安全隐患和风险挑战。

坚持以人为本，智能向善，引导人工智能以增进人类共同福祉为目标，以保障社会安全、尊重人类权益为前提，基于人类命运共同体理念，秉持和平、发展、公平、正义、民主、自由的全人类共同价值，确保人工智能始终朝着有利于人类文明进步的方向发展，是人类迎接人工智能时代的必然共识。

一个视觉研究专家的观点一直在我耳边回响："视觉研究非常复杂，不仅仅是一个物理过程，还是一种主观感受。视觉是一种非常精细的技能。虽然我们看到的世界只是光线恰好落在我们眼睛表面的映射，但我们从光线中获得的信息却能延伸到我们的全部经验。要解开视觉之谜，并不仅仅是理解'人类如何看见事物'这么简单。视觉问题并不是简单的关于颜色或形状的问题，也不仅仅是在更大级别上进行数字运算的问题。视觉研究是对人类认知中一个核心现象的探索。视觉在很大程度上是人类身份和独特性的基础，无论是在生物学上、人际关系方面，还是在文化层面。研究视觉是通往我们体验最基础层面的旅程。很多时候，'所见即所知'，因此，了解我们如何看见，就是了解我们自己。"

我深以为然。每个人的视觉范围都是有限的，受限于我们的经历、知识和情感。我们难免受到错觉、幻觉或误导的影响，不得不面对感知和经验的主观性、相对性、中介性、唯一性和多样性。在这个多元化的世界里，我们的世界观、人生观、价值观决定了我们看待问题的角度。要真正做到所见者真、所知者深，不仅要具有全球视野和国际情怀，要自主学习、独立思考、跨学科融合学习、持续学习、不断拓展思维空间和领域，还要积极参加社会实践活动，在实践中提升历史思维能力、辩证思维能力、创新思维能力，提高社会责任和担当意识，不断丰盈生命的厚度和广度。

圣光机学院不仅是培养人才的摇篮，更是培养"三观"的土壤。杭电圣光机学院4年的本科生活在我的生命中留下了无比深刻的烙印，包括学习知识的快感、多元文化带来的冲击，还有不断丰富的生命体验中激发出来的对自己、对世界的"问题意识"。

一开学，我就竞选上了班级心理委员，这不仅让我感受到了班委工作的成就感，而且对我个人的成长有非常大的帮助。

现在的大学生比较自我，既反叛又从众，既独立又依赖性强，既开放又自闭。部分大学生作息不规律、不爱运动、沉迷于游戏，个人主义、享乐之风、怠惰习气、"躺平"观念抬头。通过心理健康教育让同学们打破信息茧房，停止精神内耗，独立思考；让同学们树立正确的世界观、人生观、价值观和远大的理想；让同学们积极发现、思考并解决自身问题，提高心理健康水平，积极阳光成长是我大学4年的一项重要职责。

通过心理交流会、心理情景剧、"解忧杂货铺"、心理班会等形式，涵盖情感交流、剧本创作、情绪宣泄以及心理健康专业知识学习，注重活动形式的创新与能动、活动内容的新颖与丰富，线下全面覆盖与线上自主参与相融合，寓教于乐，提高吸引力和影响力。

心理交流会上，同学们通过自身或别人的故事深入讨论当今年轻人的心理健康问题，深刻理解心理健康问题的普遍性和复杂性。同学们还阅读了大量关于生命的书籍、文章，用自己的哲思、感悟和大家进行交流。通过交流，大家深刻意识到，生命中的每一个瞬间都值得珍惜，无论是快乐还是挫折，都是成长的一部分，今后必将以更加热爱生命、珍惜生命的心态面对自己；以更加理解、包容的心态面对他人；以更加健康、积极的心态面对学习和生活。

同学们自己创作、编排、表演心理情景剧的过程不仅是一次团队协作的成功实践，他们还在情景剧中探索和表达了自己的内心世界，在模拟的情境中面对和解决现实问题，为现实生活中的挑战提供了新的视角和解决方案。

"解忧杂货铺"作为匿名烦恼交换站，切切实实帮助到了同学们。同学们匿名表达内心深处的困扰、不安和收到积极反馈，缓解内心的压抑感和孤独感。在同学们与他人分享自己的烦恼，感受到自己被关注、鼓励的过程中，营造了更加包容理解、温暖和谐、积极向上的氛围。

心理班会课上，大家一起学习压力管理和情绪调节方法。通过学习，大家意识到尽量不熬夜、保持均衡饮食、使用积极自我暗示、保持乐观、发展课外兴趣爱好、适当进行情绪表达等对保持身心健康非常重要。

积极的心态对我们个人成长具有重要意义。它不仅能够帮助我们在面对挑战和困难时，保持乐观和坚韧的态度，增强自信心和自我管理能力，激励我们成为更好的自己，还可以使我们在人际交往中以身作则，通过积极乐观的言行鼓励、影响身边的人，传递积极向上的生活态度。

很幸运，我和两个队员参加美国大学生数学建模竞赛并最终拿了一等奖，但成功哪来的一帆风顺，我们差点放弃，差点半途而废。我们参加过前面两届比赛，都名落孙山，有点灰心丧气。一个队员又遭遇了失恋的打击，情绪更低落了。他说，万一辛苦一场又落空呢？于是，他决心退出。在那个时候，我只能自己先振作起来，然后一直安慰他、劝说他、鼓励他。我为他打气，其实也是为自己打气。最后一届再去拼一次吧，万一成功了呢！再说，人生的意义，本来就在于体验，全力以赴、问心无愧就好。比赛时也特别不容易，因为时间非常紧，对指定的问题从建立模型、求解、验证到撰写英语论文只有 4 天。我们在提交时间截止的前一天下午才开始写论文，3 个队员分头合作，通宵没有合眼，一直奋战到第二天。半夜里，我们实在困得不行，一个队员提议说，不如算了吧，又不能保证获奖，"何久自苦如此"，还是好好睡一觉吧。为了振作起精神，我提议大家去操场跑 1 圈。寂静的夜里，只听到耳边呼呼的风声和我们自己的脚步声、呼吸声，空旷的操场上的路灯灯光把我们的影子拉得长长的。我们抬头仰望星空，璀璨星河仿佛无尽的诗与远方，令我们心驰神往。

回首往昔，那些曾经的泪水与欢笑、成功与失败，都已化作生命中的宝贵财富。正如海明威所说："生活总是让我们遍体鳞伤，但到后来，那些受伤的地方一定会变成我们最强壮的地方。"每一次的挫折都是成长的磨砺，每一次的痛苦都是心灵的洗礼。曾经经历的磨难与委屈，都成了我们成长的养分，让我们拥有了更坚韧的内心和更强大的力量。

开学不久，我加入了院学生会党建中心。我们开展过形式多样的主题党日活动，让我印象最深的一次是去参观夏衍旧居。

我高中时学过夏衍的《包身工》。夏衍旧居在杭州市上城区严家弄 50 号，现为杭州市文物保护单位、杭州市爱国主义教育基地。

夏衍旧居建于清末民初，是几间中式平房——夏衍的出生地，他在此度过了童年和青少年时期，留下了生活痕迹。而扩建后的夏衍旧居是按照夏衍回忆录《懒寻旧梦录》所描述的旧时老宅的格局设置的，有八咏堂、卧室、蚕房、私塾等。我们走进夏衍旧居的展厅，展厅以"夏衍早年奋斗""左翼文艺""在新闻电影戏剧战线上""在文化电影事业的领导岗位上""在社会主义新时期""夏衍电影作品系列"6 个部分为主线，结合他生前使用过的老照片、著作、剧本等珍贵实物，完整地再现了一位革命文艺家成长历程和光辉一生。

夏衍回忆录《懒寻旧梦录》自序里有这么一句话："我这个人很平凡，但我经过的这个时代，实在是太伟大了。"夏衍先生的谦逊品质值得我们学习。夏衍实在是伟大时代里一个不平凡的人。他是我国杰出的革命文艺家、进步电影先驱者。他生活无贵气，工作无官气，赤心报国，淡泊名利，低调务实，风雅自乐，从不搞特权，在国家大义面前无私奉献，体现了一名共产党员的爱国情怀、清廉作风和谦逊品质。

"不辜负我们这个伟大时代",是历史的回声,也是当代中国青年的心声。处在这样一个伟大时代,是我们的幸运。为这个伟大时代奋斗,是我们的责任。我们是与新时代同向同行、共同前进的一代。我们要坚定不移听党话、跟党走,继承和发扬党的光荣传统,争做有理想、敢担当、能吃苦、肯奋斗的新时代好青年。作为整个社会最积极、最有生气的力量,我们要把握历史机遇,既志存高远又脚踏实地,将实现个人价值与承担社会责任紧密结合起来,努力成为德智体美全面发展的社会主义建设者和接班人。

习近平总书记指出:"一个人可以有很多志向,但人生最重要的志向应该同祖国和人民联系在一起,这是人们各种具体志向的底盘,也是人生的脊梁。"激扬的青春,在与时代同频共振中才能绽放光彩。面对人工智能日新月异的时代,只有"苟日新,日日新,又日新",才能与时俱进。作为新时代的大学生,我们只有在兴趣驱动下不断学习,学思用贯通、知信行统一,才能在未来的竞争中立于不败之力。

我们圣光机学院在"第二课堂"上下足了工夫,最用心的就是为学生打造以培养创新硬核能力为导向的实践平台。

开学不久,圣光机学院成立了智能机器人与自主系统实训基地和物联网与大数据智能分析实训基地两个本科生实践基地,俄方教师和中方教师联合指导学生在科研实践平台上做项目。

张波涛老师作为智能机器人与自主系统实训基地的负责人,说过这么一番话:"对于每一个愿意通过个人努力来到这里的学生，我想告诉你们：如果你真的对这些事物充满热情，无论你是谁，无论你来自哪里，无论你是否有实验基础，你都属于这里。"

我在张波涛老师身上看到了优秀科学家都具备的特质：一种源于天真的好奇心。他总会毫不迟疑地就复杂的话题提出探索性的问题。他拥有无限想象力，同时敢于面对这种想象力带来的挑战。他在机器人的感知与控制、设计与开发、SLAM 与导航、机械臂的视觉伺服方面已经有很高的造诣，但仍在不断精进创新，让我深感钦佩。他鼓励我们跨越学科界限，将不同学科融合发展。

学校有太多值得品味和驻足的地方，但真正俘获我心的，还是实验室。

我越来越意识到，我热爱研究，我能感觉到自己的那种激情。每当我听到实验室电脑风扇呼呼作响，听到敲击键盘的干脆利落的声音，一种热情就会涌上心头。对我来说，计算机不仅仅是爱好和理想，更充满发挥创造力的无限机会。科研让我仿佛置身于一个超凡的世界之中，而我周身包裹着蓝色的光芒，它们充满了神秘的力量。

在实验室里，时间失去了意义，我在学习、探索、实验中忘掉了自我。我走上追逐与探索的路，哪怕要追到天涯海角，我也会毫不犹豫。

尽管参与大学生创新创业项目让没有任何实验室经验的我承受了繁重的任务和巨大的压力，但我从未感到疲倦。每次走出实验室时，校园里已空无一人，走在回宿舍的路上，抬头一望，那片美丽的星空正闪烁光芒，让我想到哲学家黑格尔说过的一句话：一个民族要有一群仰望星空的人，他们才有希望。

回首往事，那些曾经的快乐都成了最美的风景，那些温馨的瞬间仍在心间荡漾。我们终其一生都在寻找两个东西，一个是价值感，另一个是归属感，价值感来自被肯定，归属感来自被爱。

我们圣光机学院充分发挥专业教师在教学科研、专业认知、学业帮扶、生涯规划等方面的育人功能，构建起班助、辅导员、导师协同配合且优势互补的全员育人体系。无论同学们选择国内考研、就业，还是海外申研，学校都有一整套成熟的成才孵化激励制度，竭尽所能为学生提供导师、实验室、经费等支持，提供全方位的升学指导和就业服务，用爱、用心、用情、用力引导和帮助学生及早规划，鼓励学生持之以恒，一步一个脚印地攀登人生的高峰。

考研进入倒计时的那段时光确实比较煎熬，我本来也是个运动达人，喜欢打篮球、踢足球、健身，可是为了争分夺秒地学习，我连运动时间都要挤出来。过度紧张的学习让我越来越焦虑，焦虑导致睡眠质量下降，睡眠不好导致第二天学习效率低下，对自己产生不满情绪，情绪低落导致更加焦虑，眼看就要进入"内耗"的恶性循环。

有一天，学院专门组织了慰问活动，院党委书记胡海滨、党委副书记叶鸿、副院长樊谨和辅导员都来了。胡海滨书记给我们提了3个建议：坚持学习，科学学习，用运动促进学习。樊谨副院长欢迎我们向她咨询考研相关问题。叶鸿副书记除了鼓励和祝福，还带来了旺旺大礼包和文具套装。

在胡海滨书记的建议下，我们这些考研学子暂时从紧张的脑力劳动中解放出来，跑出去打了场篮球。那是个冬日的下午，操场边上的榉树、枫树和乌桕树色彩斑斓且摇曳多姿，那些舞动的枝叶，像是在热情地欢迎着阳光的到来，它们向着天空恣意伸展，似乎要触摸那遥不可及的湛蓝。阳光正暖，我们在球场上奔跑、跳跃、追逐、欢呼。

那一刻，让我想起波兰诗人亚当·密茨凯维奇的《青春颂》中的一句诗："青春，飞吧！从地平线上高高地飞起，以太阳的光照穿透这密集的人群……"

采访笔记

黄凡丁，来自四川成都，热爱生活，乐观开朗，骨子里有着成都人的聪明智慧、坚韧勇武、与时俱进、勇于创新。他在运动场上仿佛一匹叱咤风云的骏马，闪电般的速度划破空气，激起一片尘烟；他在科技世界里宛如一只展翅翱翔的雄鹰，呼呼的风声带给他自由探索的快乐，灿烂的阳光带给他搏击长空的勇气；他在考研路上就像茫茫大海中的一叶小舟，再大的风也改变不了他的方向，再大的浪也扑不灭他内心的火焰，奋力前进，乘风破浪，最终到达胜利的彼岸。

圣光机的星空让他燃起了对科技的探索欲，再艰难的跋涉也浇不灭他孜孜以求的热情，再大的挫折也磨不灭他一战到底的勇气。他不畏惧失败，因为每一次跌倒都是向前的准备；他不留恋安逸，因为最壮丽的风景总在险峰之上。成功没有捷径，一次次磨砺成为成长的养分，让他不断提高认知，不断进步，成为更好的自己。

圣光机爱的土壤培养了他的热情与坚韧，让他学会了在平凡中发现不凡，在奋斗中找寻人生的意义。他始终保持一颗阳光而快乐的心，善待自己，也善待他人，让爱与温暖成为前行的力量。他行走在追梦之路上，不负韶华，是对知识的尊重；不负自己，则是对生命的最高致敬。他用热血和汗水在青春的画卷上，留下最灿烂的一笔。

他是时间管理大师，每一刻光阴都闪耀着努力与热爱的光芒；他是行动的巨人，每一个脚步都回响着奋斗与勇气的故事。他有着强烈的内在驱动力和使命感，能超越周边环境、超越性格局限，从给常人设置的一般程序中跳脱出来获得自由，实现人生革新。

他有着明星般的容颜、运动员般的体魄，更有着科研人员的脚踏实地。眼有星辰大海，心有似锦繁花，追光而遇，沐光而行。对奔赴山海、不负所爱的执着，让每一个平凡的日子闪耀着不凡的光芒。

他在仰望星空，星空也在注视他。一直朝着光亮前进的人终将成为一道光。

后　记

　　一般人物故事、人物传记是以第三人称写的，好处是以他人的目光观察、审视、记录，显得全面、客观、理性，带来的问题是读者阅读别人的故事时代入感不强，很难共情。特别是先进典型故事，容易让读者对说教式宣传产生旁观者的冷漠甚至厌烦。

　　我尝试以第一人称写传记，让读者跟着主人公自省式回忆的思绪，循着主人公的每一个脚印，随着主人公的情感起伏，思主人公所思，悟主人公所悟，经历一次人生的深度体验。

　　在阅读过程中，读者渴求的是一种智慧被尊重、情感被调动、品位被提升、思考可联动的体验，渴求的是在故事真切可感、细节扎实可信、语言表现力强的审美享受中获得价值传递。

　　我坚守"用事实说话"的创作原则，用最真诚的表达让故事保留戏剧性和可读性。我在每个故事后面附上我对人物的采访印象和评价，努力让先进典型具有更深刻的说服力。

描写先进人物的作品中缺的不是人物，而是那些解剖我们生活和心灵的标本，是我们自己还没有意识到的那一部分。如果没有对人物精神世界最深处进行探寻，从平凡中发现伟大，从质朴中发现崇高，把隽永的美、永恒的情、浩荡的气凝聚起来、彰显出来，那充其量只是在对人物进行素描。要从人物的情怀和梦想、道义与担当中看到自己的影子，才能温润心灵、启迪心智，给人以希望和力量。

这次采访优秀毕业生的机会，不仅让我对圣光机学院有了全方位的了解，更让我遇见了一段段未能见识的人生，在感动、对照、思考中认识自我、激励自我、提升自我，带给我审视过往、直面当下、迎接未来的勇气和智慧。感谢圣光机学院给我一次自我深度相遇与醒悟成长的良机。

只有进入"入迷"的状态，才会迸发沉浸、融入、交互、克服、调整、重塑、突破、改进等自我生命改善力量，迸发具有冲击性、突破性的创造力量。受访的优秀学子无不是"入迷"式地学习、科创。写作也是一场"入迷"，是基于自我、沉浸其间、探索思辨，在试图呈现更富价值的判断与发现中，自我不断得以更全面也更细致地发育和成长的途径。

我从小喜欢阅读与写作，也喜欢编程，而写作和编程都是对世界深度的探索与表达，道阻且长，但充满了乐趣。

每天在校园"阳光长跑"时，我都会感受到"光是最美的滤镜"。一缕金色的光芒穿梭在操场边的树叶之间，点亮了一片片树叶的缘边，勾勒出树叶细腻的纹理，折射出跳跃的光斑。阳光透过树叶的缝隙洒在地面上，洒下点点碎金。而在圣光机学院，"光"不仅是滤镜，每一缕温煦都承载着期待与希望，铺展成最美的梦，更一直在指引方向，给予大家前进的勇气与力量。

"用你的活法定义世界的算法，将你的真实汇成世界的真相，真正点亮黑夜的并不只有太阳，还有你内心的火，眼中的光。"以《南方周末》2025年新年献词与大家共勉。

最后，感谢杭州电子科技大学院、校领导及各位老师，感谢受访学长及辅导员，感谢中国海洋大学出版社海南分社曾科文社长及编辑老师使此书得以顺利出版。

倪则徐

2025年1月1日